München mit Kids

101 spannende Ideen für Freizeit, Urlaub, Wochenende

J. BERG

Inhalt

SPANNENDE AUSFLÜGE

VERANSTALTUNGEN

WANDERN UND DIE NATUR ENTDECKEN

WELTREISE DURCH MÜNCHEN

TIERE BEOBACHTEN

FESTE UND MÄRKTE

SPORTELN UND SPIELEN

SCHLEMMEN UND GENIESSEN

KURIOSES UND EINMALIGES

Restaurant
Café
Rischart

Vorwort

»München mag dich«, so lautet das aktuelle Stadtmotto, und das beruht durchaus auf Gegenseitigkeit. Obwohl München die am dichtesten besiedelte Stadt Deutschlands ist, lockt sie mit zahlreichen Parks und natürlich mit der Isar. Und mit ihren engagierten Einwohnern, die dafür sorgen, dass die Stadt täglich auch ein Stückerl lebenswerter für Kinder wird. So findet man in München u. a. Läden, die sich nur an Kinder wenden und in denen diese auch noch Kinder sein dürfen. Die Münchener Museen bieten viele spannende Kinderführungen, und die Kulturszene hat Spaß daran, mit Kindern und für Kinder zu arbeiten.

Wir haben uns Ende 2019 entschlossen, dieses Buch mit unseren Kindern zu schreiben und dadurch München noch besser kennenzulernen. Wir leben zwar schon 14 Jahre im Münchner Umland, haben uns aber immer mehr Richtung Berge orientiert, und auch wenn man in der Stadt arbeitet, heißt das noch nicht, dass man diese wirklich kennt. Mit viel Elan und Freude haben wir uns an die Arbeit gemacht und Neues ausprobiert bzw. Altes wieder entdeckt. Dann kam 2020 und mit ihm die Corona-Pandemie mit ihren Lockdowns. Leider konnten wir nun nur noch einen Bruchteil dessen unternehmen, was wir eigentlich vorhatten, und teilweise haben auch einige anvisierte Läden die Lockdowns nicht überlebt. Museen mussten in dieser Zeit schließen, Veranstaltungen abgesagt werden.

So hat sich dieses Buch nicht wie geplant von selbst geschrieben, sondern wir mussten vieles nachrecherchieren. Dies entspricht nicht unserem eigentlichen Anspruch, da wir für unsere Bücher immer alles selbst ausprobieren, um es aus erster Hand beschreiben zu können. Wir hoffen, dass Sie trotzdem ganz viele wunderbare Anregungen erhalten und das eingangs erwähnte Stadtmotto jederzeit erfahren dürfen: München mag dich!

Feldkirchen-Westerham, im Frühjahr 2021 *Ihre Familie Lurz*

Kinder- und Jugendmuseum

ANFASSEN, AUSPROBIEREN, MITMACHEN

»Vorsicht! Nichts anfassen! Nur mit den Augen schauen!« Wer kennt diese Sätze nicht, wenn man mit Kindern ein Museum besucht? Solche Aufforderungen werden im Münchner Kinder- und Jugendmuseum nicht zu hören sein, denn hier ist Anfassen und Ausprobieren ausdrücklich erlaubt und erwünscht.

Seit über 25 Jahren ermutigen wechselnde Ausstellungen (z. B. zu Tönen, Licht, Luft, Nahrung, Seifenblasen) im Starnberger Flügelbahnhof des Münchner Hauptbahnhofs die Kleinsten zum freien oder angeleiteten Experimentieren und Forschen. Das Innovative an diesem Museum ist, dass es im Grunde aus einem leeren Raum besteht und so immer genau den Anforderungen der jeweiligen Ausstellung angepasst werden kann. Spielerisch erfahren die Kinder an interaktiven Mitmach-Stationen viel über das jeweilige Themengebiet der Exposition und erhalten fundierte Antworten auf ihre Forscher-Fragen (»Wie entstehen Klänge?«, »Wie kann man Luft sichtbar machen?«, »Wie entstehen Seifenblasen?«).

Auch Kindergeburtstage können hier gefeiert werden – besonderer Clou dabei: Neben dem Besuch der Ausstellung kann sich das Geburtstagskind in einem zusätzlichen Workshop, begleitet von einem Experten, kreativ und erfinderisch mit seinen Freunden austoben. Aber auch für die Geburtstagsfeier daheim verleiht das Kinder- und Jugendmuseum Materialien zu verschiedenen Themen. Bei einem Besuch sind unbedingt Neugierde, Forscherlust, gute Laune und vielleicht eine Brotzeit für den kleinen Hunger zwischendurch mitzubringen. Eltern dürfen in diesem Museum ihre Kinder ruhigen Gewissens einfach mal laufen lassen.

LAGE: Arnulfstr. 3, 80335 München
www.kindermuseum-muenchen.de
Haltestelle: Hauptbahnhof (viele S-/U-Bahnen, Tram-/Buslinien)

Jack Wolfskin

Erkner

MVG Museum

AUSFLUG IN DIE MOBILE VERGANGENHEIT

Wer gern mal einen Blick in die Vergangenheit öffentlicher Verkehrsmittel werfen möchte, ist hier genau richtig. Auf über 5000 Quadratmetern Ausstellungsfläche bietet das MVG Museum, untergebracht in einer ehemaligen Tram- und Buswerkstatt, einen Überblick über 25 historische Straßenbahnen, Omnibusse und Einsatzfahrzeuge der vergangenen 150 Jahre Münchner Verkehrsgeschichte. Auch alte Uniformen, zahlreiche Schautafeln, Modelle, Maschinen und Werkzeuge berichten über die Entwicklung des Verkehrs.

Ein besonderes Highlight für kleine (oder auch große) angehende U-Bahn-FahrerInnen ist der U-Bahn-Fahrsimulator im originalen Fahrerstand. Gefahrenlos können hier kleine und große Schaffner ihr Fahrtalent testen. Zudem besteht die Möglichkeit, eine Trambahn wie ein Mechaniker auch mal von unten in einer nachgestellten Untersuchungsgrube zu begutachten. Auf einem interaktiven elektronischen Liniennetzplan erfährt man auf Knopfdruck, welche Trambahnen einst wann und auf welchen Strecken fuhren.

Da das Museum ausschließlich von ehrenamtlichen Mitarbeitern geführt wird, ist es in der Regel nur an zwei Sonntagen pro Monat (s. Internetseite) geöffnet. Für die Kleinen gibt es spezielle Kinderführungen mit spannenden und interessanten Geschichten über die Welt der Verkehrsentwicklung. Für den kleinen Hunger zwischendurch ist ebenfalls gesorgt: Im Eingangsbereich des Museums gibt es ein Café.

An den Öffnungssonntagen verkehren im Übrigen zwei Sonderlinien: Mit dem Museumsshuttle O7 kann man spontan eine historische Ausflugsfahrt vom Museum zum Giesinger Bahnhof und wieder zurück machen, und die Tram E7 fährt halbstündlich Richtung Max-Weber-Platz.

LAGE: Ständlerstr. 20, 81549 München, www.mvg.de/museum
Haltestellen: Schwanseestraße (Tram E7),
Ständlerstraße (Bus O7, 139, 145)

Museum Mensch und Natur

NATURKUNDE ZUM ANFASSEN

Direkt neben Schloss Nymphenburg gelegen, gibt das Museum Mensch und Natur in zahlreichen Ausstellungsbereichen sowie an interaktiven Stationen einen guten Einblick in eben diese Bereiche. So kann man sich auf eine spannende Reise durch die Geschichte der Erde und die Entwicklung des Lebens begeben und erfährt einiges über die Entstehung des Sonnensystems. Oder man macht sich auf Entdeckertour durch das menschliche Gehirn.

Viele Nachbildungen, Modelle, Naturobjekte, Schaukästen und kurze Videofilme laden zu einem informativen Rundgang sowie unterhaltsamer Wissensvermittlung durch das Museum ein. In der bunten Welt der Minerale bewundern die jungen Museumsbesucher glitzernde Steine wie Rubine, Smaragde oder auch einen über 700 Kilogramm schweren Bergkristall. Sogar Bruno, der »Problembär«, hat hier im Museum seinen Platz gefunden – natürlich nur in ausgestopfter Form, aber gut in den Kontext der Wiederansiedlung von Wildtieren im Alpenraum eingebunden. In der für junge Besucher eingerichteten Abteilung »Spielerische Naturkunde« im Obergeschoss können die Kleinen an verschiedenen Spiel- und Quizstationen erkunden, rätseln und ausprobieren, was das Zeug hält. Jeden Freitag um 15.30 Uhr finden spezielle Führungen für Familien mit Kindern ab 6 Jahren statt (Dauer: gut 1 Std.). Kinder und Jugendliche bis 18 Jahre haben übrigens freien Eintritt in das Museum. Im Herbst 2021 wird das beliebte Museum allerdings zwecks Erweiterung sowie Erneuerung als innovatives BIOTOPIA-Naturkundemuseum Bayern bis auf Weiteres geschlossen (s. Internetseite).

LAGE: Schloss Nymphenburg, 80638 München
www.mmn-muenchen.de
Haltestelle: Schloss Nymphenburg (Tram 17, Bus 51, 151)

Sitzkissenkonzert in der Staatsoper

SPANNENDER BLICK HINTER DIE KULISSEN

Die Bayrische Staatsoper in München steht nicht nur für Hochkultur für Erwachsene, sondern wendet sich mit einem ganz besonderen Programm auch speziell an kleine Kunstliebhaber zwischen 4 und 7 Jahren. Diese werden mit einem spannenden Repertoire an die Opern- und die klassische (Volks-)Musik – von einem echten Symphonieorchester gespielt – sowie an das Haus selbst herangeführt. Das Programm findet nicht in den für Kinder eher unbequemen Sitzen des Opernhauses statt, sondern ganz frei und nah bei den Musikern, den Erzählern und den Vortragenden: nämlich mit Sitzkissen in der Parkett-Garderobe. Die kleinen Musikfans können so die Musiker und ihre Instrumente ganz unmittelbar erleben und hautnah mitverfolgen, wie die Geschichten in Musik, Gesang und Worten vorgetragen werden.

Ganz kindgerecht lernen die Kleinen auf wunderbare Art und Weise diese klassischen Künste kennen. Zudem können sie danach noch einen Blick in Räumlichkeiten der Staatsoper werfen. Für den Besuch eines Sitzkissenkonzerts der Bayerischen Staatsoper sollte man eine gute Stunde einplanen. Die Konzerte selbst dauern kindgemäß etwa 30–45 Minuten; im Anschluss kann man sich dann noch die Instrumente sowie das Bühnenbild genauer erklären lassen. Eintrittskarten für diese Events sind sehr beliebt und schnell ausverkauft.

Weiterhin bietet die Bayerische Staatsoper auch Familienvorstellungen für Kinder ab 6 Jahren an. Spezielle Kindereinführungen (Erwachsene haben hier keinen Zutritt!) direkt vor Vorstellungsbeginn machen die kleinen Klassikfans mit dem gezeigten Werk und der Inszenierung dabei vertraut.

LAGE: Max-Joseph-Platz 2, 80539 München, www.staatsoper.de
Haltestellen: Nationaltheater (Tram 19, 21), Marienplatz (S1–8, U3, U6)

Staatliches Museum Ägyptischer Kunst

DIE WELT DER PYRAMIDEN UND PHARAONE

Ein toller Tipp, nicht nur für Schlechtwettertage, ist das Ägyptische Museum, zentral in der Nähe des Münchner Hauptbahnhofs gelegen. Hier erhalten Kids spielerisch einen sehr guten Überblick über 5000 Jahre Kultur und Kunst des alten Ägyptens. Dafür hat sich das Museum viel für Kinder einfallen lassen: So können sich die kleinen Ägypten-Fans an der Kasse einen archäologischen Rucksack ausleihen, der mehrere Rätsel enthält, die die Kinder bei einem Rundgang durch das gesamte Museumsareal und beim Besuch verschiedener Statuen, Figuren oder auch Särge lösen müssen. Des Weiteren kann man sich ein Tablet mit einem Medien-Guide ausleihen, der eine extra Kinderführung zum Thema »Ägyptische Gottheiten« bietet (Leihgebühr 1 €). Und damit nicht genug: Mit Hilfe der Museumsmaskottchen »Isi« und »Usi« dürfen sich Kinder ab etwa 6 Jahren eigenständig auf eine digitale Schnitzeljagd durch das Museum begeben (an der Museumskasse für 1 € erhältlich). Eine Stunde haben die Kinder nun Zeit, Pharaonen und Grabmäler zu entdecken, und sie bekommen dabei spielerisch viel Wissenswertes über das alte Ägypten und wie man zu dieser Zeit dort lebte vermittelt.

Spezielle Familienführungen zu verschiedenen Themen finden jeden zweiten und vierten Sonntag im Monat statt. Im Shop-Café »Ludovico« kann man sich mit einem kleinen Snack stärken und/oder einen der zahlreichen Buchtitel zum Thema Ägyptologie erwerben. Empfehlenswert ist übrigens auch der Internetauftritt des SMÄKs – Bastelvorschläge, Familienvorträge und Lesungen sind hier beim digitalen Kinderangebot zu finden und runden das reichhaltige Museumsprogramm ab.

LAGE: Gabelsbergerstr. 35, 80333 München, https://smaek.de
Haltestellen: Hauptbahnhof (S-/U-Bahn, Tram/Bus), Königsplatz (U2, U8)

WINDMESSER
AUF/
ZU NEUEN WELTEN

Deutsches Museum

DAS WISSENSCHAFTS- UND TECHNIKMUSEUM

Das Deutsche Museum von Meisterwerken der Naturwissenschaft und Technik (so der vollständige Name) beherbergt ca. 28 000 Exponate aus rund 50 Bereichen der Naturwissenschaft und Technik. Gerade für die kleinen Besucher wird hier sehr viel geboten. Das beginnt schon mit dem extra Kinderreich für Forscher und Forscherinnen im Alter von 3–8 Jahren: Jede Menge gibt es hier zu entdecken, wie z. B. eine Riesen-Gitarre, einen Flaschenzug oder ein Spiegelkabinett. Auch die große Kugelbahn-Arena will erkundet und getestet werden.

Täglich um 15 Uhr findet ein Mitmach-Programm statt, in dem Museumsführer mit Kindern ab 4 Jahren einen Ausstellungsbereich im Haus besuchen und dort Kinderfragen klären wie: »Wie wird der Ton bei der Fahrradklingel erzeugt?«, »Warum schwimmt das Schiff oben?« oder »Dreht sich der Mond eigentlich?«. Für Kinder ab 7 Jahren wird zusätzlich eine Experimentier-Werkstatt angeboten, in der man verschiedenste Phänomene erforschen kann.

Mit den »Bunten Touren« können Familien mit Kindern von 4–8 Jahren übrigens auch gemeinsam Ausstellungsbereiche entdecken: Kinder werden hierbei direkt zu speziell für sie interessante Stationen geführt und zum Ausprobieren, Testen und Erfahren eingeladen. Eine Möglichkeit für schon etwas ältere Kinder, das Museum zu erkunden, sind die Forscherbögen – je nach Interesse kann man sich anhand des Forscherbogens in dem jeweiligen Ausstellungsbereich auf Entdeckertour begeben.

Nicht nur für Kinder ist das Museum ein Erlebnis, auch Erwachsene kommen hier auf ihre Kosten, z. B. im Bereich »Flugzeuge und Raumfahrt«, für den man auch mit Kindern keine Führung braucht – hier sind die Ausstellungsstücke selbst die Stars.

LAGE: Museumsinsel 1, 82031 München, www.deutsches-museum.de
Haltestellen: Isartor (S1–8, Tram 16), Deutsches Museum (Tram 17)

Münchens Pinakotheken

DREI BILDERHALLEN VON WELTRUF

Die drei Pinakotheken (altgriechisch für Gemäldegalerien) der Bayrischen Staatsgemäldesammlungen gehören zu den bekanntesten Museen in München. Sie repräsentieren verschiedene Kunst-Epochen. So beherbergt die Alte Pinakothek, bereits 1836 als Kunstmuseum eröffnet, u. a. Gemälde aus dem Mittelalter bis Mitte des 18. Jahrhunderts. Hier werden viele Werke deutscher Maler, z. B. von Lucas Cranach d. Ä. oder Albrecht Dürer, gezeigt, aber auch italienische, niederländische, spanische und französische Gemälde geben einen spannenden Überblick über die verschiedenen Stile und Richtungen.

Die Neue Pinakothek, direkt nördlich der Alten gelegen, jedoch erst 1915 eröffnet, gibt einen genauso großen Überblick über die Werke des späten 18. Jahrhunderts bis zu den Anfängen des 20. Jahrhunderts. Sie wird derzeit generalsaniert und voraussichtlich 2025 wieder ihre Pforten öffnen. Direkt östlich der Alten Pinakothek steht die Pinakothek der Moderne mit Werken, Installationen, Grafiken und Skulpturen aus dem 20./21. Jahrhundert. Hier wird eine größere Bandbreite an Werken gezeigt, die durch ihre Abstraktion teilweise schwerer zugänglich sind.

Allen drei Pinakotheken gemeinsam ist das reichhaltige Führungsprogramm, im Besonderen auch für Kinder, die in allen Häusern freien Eintritt erhalten. In der Alten Pinakothek werden beispielsweise die Werke, die Musikinstrumente zeigen, vorgestellt, und gemeinsam mit den Kindern geht man der spannenden Frage nach, wie diese Instrumente damals geklungen haben und wann die Menschen früher zu welchem Zweck musizierten, als es noch keine Streamingdienste gab.

LAGE: Barer Str. 27/29/40, 80799 München
www.pinakothek.de
Haltestellen: Pinakotheken (Tram 27, 28, Bus 100), Königsplatz (U2)

PINAKOTHEK
DER MODERNE
INGO MAURER INTIM.
DESIGN OR WHAT?

TimeRide

ZEITREISE DURCH DIE BAYERISCHE GESCHICHTE

Wer träumt nicht davon, einmal durch die Zeit reisen und dabei in einem Pfauenwagen über die Dächer Münchens fliegen zu können? Im TimeRide München ist das durch Virtual-Reality-Technik möglich: 45 Minuten lang erhält man so einen Überblick über 7000 Jahre bayerische Geschichte. Und zwar nicht durch bloßes Ansehen, sondern man wird mittels der Technik scheinbar direkt in die Geschichte hineinkatapultiert.

Die Tour startet zunächst mit einer kurzen Vorstellung des Konzepts. Dabei folgt man zuerst einem König-Ludwig-Darsteller in eine Bibliothek und sieht erstaunt auf Monitoren, die in Buchform gestaltet sind, wie Buchstaben wie von Zauberhand auf den Seiten auftauchen. Wenn man die Rätsel der Bibliothek gelöst hat und auf die folgende Tour vorbereitet ist, geht es in die Hauptattraktion des TimeRides. Diese scheint auf den ersten Blick relativ unspektakulär, denn man betritt nur einen Raum mit Stühlen. Doch der Clou sind die Virtual-Reality-Brillen und die bewegbaren Stühle. Sobald man die Brillen aufgesetzt hat, verschwindet die eher schnöde Wirklichkeit und man begleitet einen Aeronauten im fliegenden Pfauenwagen durch Raum und Zeit. Man startet bei den ersten Besiedlungen in Bayern und springt dann weiter zu einer Schlachtenszene am Limes zwischen Römern und Germanen. Dabei schwebt man über prächtig animierte Landschaften und zu immer weiteren Schlüsselpunkten der bayerischen Geschichte.

Was man vor Reisebeginn noch beachten sollte, ist, dass die ungewohnten Bewegungen des Stuhls zu Anfang eventuell zu einem leichten Seekrankheitsgefühl führen können. Abgeschlossen wird die Tour durch einen Blick hinter die Kulissen und wie so eine virtuelle Zeit- und Flugreise animiert wird bzw. wie viel Arbeit selbst hinter einer kurzen Sequenz steckt.

LAGE: Tal 21, 80331 München, https://timeride.de/muenchen
Haltestellen: Isartor (S1–8, Tram 16)

Kinderkunsthaus

KREATIVPROGRAMM FÜR ALLE

Eine tolle Sache in München ist für kleine Künstler das Schwabinger Kinderkunsthaus. Die gemeinnützige Initiative des Kinderbuchverlags *mixtvision* bietet in diesem Haus ein kunterbuntes abwechslungsreiches Kunst-Potpourri an. Hier können sich junge Monets oder van Goghs künstlerisch entfalten und eigene, ganz individuelle und fantasievolle Kunstwerke schaffen. Das Angebot ist enorm und reicht von Malen und Comiczeichnen über Basteln, Fotografieren, Illustrieren bis hin zu sogar einen eigenen Trickfilm mit Knetfiguren herzustellen. Auch eher ungewöhnlichere Kunsttechniken wie Action-Painting mit Wasserpistolen oder Malen mit Salatschleudern bieten jede Menge Spaß und eine Sauerei, die man gern woanders genießt als in der heimischen Küche.

In verschiedenen Werkstätten wird Kindern somit Kunst auf spielerische Weise näher- und der eigene künstlerische Ausdruck beigebracht. Jederzeit stehen den jungen Künstlern Experten unterstützend und beratend zur Seite. Ob mit Freunden, Eltern oder Großeltern – jeder ist hier willkommen, sich künstlerisch zu entfalten. In der Werkstatt oder im angesagten Medienlabor findet sicher jeder das Richtige für sich.

Ein Highlight des Kinderkunsthauses ist das »Offene Programm für jedermann«, konzipiert im Besonderen jedoch für Kinder im Alter von 2–14 Jahren. Hierbei kann jeder alles, was angeboten wird, ausprobieren. Dienstags bis freitags können die kleinen Kunstschaffenden am Nachmittag (an den Wochenenden sogar ganztägig) experimentieren und gestalten, was das Zeug hält. Individuelle Geschenke entstehen (die meisten Materialien sind im Eintrittspreis inbegriffen), die natürlich mit nach Hause genommen und verschenkt werden können.

LAGE: Römerstr. 21, 80801 München
www.kinderkunsthaus.de
Haltestellen: Kurfürstenplatz (Tram 12, 28), Giselastraße (U3, U6)

KINDERKUNSTHAUS
KINDER
KUNST
HAUS

Bayerische Volkssternwarte

REISE ZU FREMDEN GALAXIEN

In München gibt es nicht nur einige der größten Attraktionen Deutschlands, Europas und gar der Welt, hier steht auch eine der größten und bekanntesten Volkssternwarten Deutschlands. Ganz versteckt im Stadtteil Berg am Laim gelegen, wäre sie ohne Beschilderung von außen kaum zu erkennen. Was kurz nach dem Zweiten Weltkrieg mit einem kleinen Fernrohr begann, hat sich zu einem regen Verein mit einer Reihe großer Fernrohre, einem kleinen Planetarium, Vortrags- und Ausstellungsräumen, einer umfangreichen Bibliothek sowie Laboren und Werkstätten entwickelt.

Der Verein bietet ein reichhaltiges Programm für Kinder und mit Kindern an. So kann man hier z. B. einen Familienausflug ins All machen oder mit der kleinen Fledermaus »Flappi« Sternbilder suchen. Daneben gibt es viele Führungen für Kinder (Dauer ca. 2 Std.), bei denen man den Fragen nachgehen kann, ob es den Mann im Mond wirklich gibt oder warum die Milchstraße eigentlich so heißt. Die Kinder bestaunen anschließend das Observatorium auf dem Dach und dürfen durch die Teleskope den Himmel betrachten. Im Planetarium kann man den Sternenhimmel über München nochmals genau anschauen und sich im Ausstellungsraum ein eigenes Bild von den Planeten machen.

Ein Besuch der Sternwarte lohnt sich nicht nur bei schönem Wetter, selbst bei verhangenem Himmel kann man hier viele Sterne »unter die Lupe« nehmen. Die Warte richtet auch Kindergeburtstage aus inklusive einer privaten Führung (ca. 1.30 Std.) und extra Partyraum. Auf der Homepage findet man dafür sogar eine spezielle Einladungsvorlage.

LAGE: Rosenheimer Str. 145h, 81671 München
www.sternwarte-muenchen.de
Haltestelle: Anzinger Straße (Bus 55, 145, 155)

ESO Supernova

URKNALL DER GANZ BESONDEREN ART

Direkt neben der europäischen Südsternwarte steht das Planetarium ESO Supernova (**E**uropean **S**outhern **O**bservatory). Das äußere Gebäude ist wie ein Doppelsternsystem gestaltet, und im Inneren versteckt sich eine Planetariumskuppel mit 14 Metern Durchmesser, in der 109 Personen Platz finden – die größte ihrer Art im deutschsprachigen Raum! Auf dieser Projektionsfläche werden mit modernsten Projektoren spannende Filme über das Universum gezeigt. Besonders das Kinderprogramm ist sehr umfangreich und kindgerecht aufbereitet – bei den Filmen in dieser 360°-Kuppel schwebt man wie in einem Raumschiff durch das Universum, und die Zeit vergeht dabei wie im Flug.

Auf der über 2200 Quadratmeter großen Ausstellungsfläche wird die Dauerausstellung »Das lebendige Universum« gezeigt. Dabei kommt auch Material zum Einsatz, das von Einrichtungen der ESO stammt, z. B. ein großes Bild des gesamten Nachthimmels oder ein Hauptspiegelsegment des größten optischen Teleskops der Welt. An über 20 interaktiven Ausstellungstücken kann man dank Computersimulationen, virtueller Realität und hochmoderner Computergrafiken in die Welt der Astronomie eintauchen. Die 13 Themen der Ausstellung präsentieren Konzepte der allgemeinen Astronomie, das Leben im Universum und wie Himmelskörper mit modernen Teleskopen und Technologien untersucht werden. An jeder Station gibt es natürlich auch kindgerechte Erklärungen zum besseren Verständnis. Spezielle Führungen runden das hervorragende Angebot ab.

LAGE: Karl-Schwarzschild-Straße, 85748 Garching bei München
https://supernova.eso.org/germany
Haltestelle: Garching-Forschungszentrum (U6)

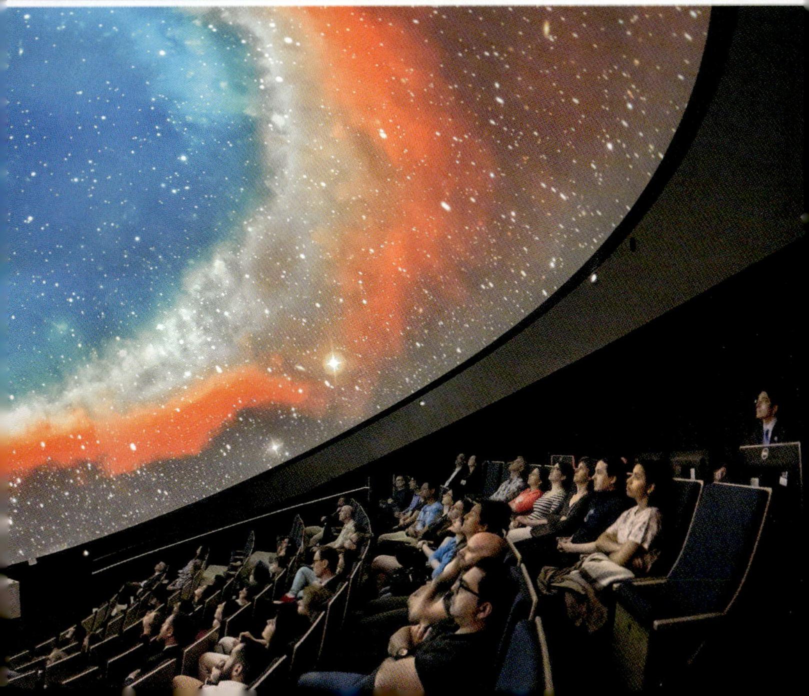

S
U
70%

Glockenspiel im Neuen Rathaus

PFLICHTSTATION BEI EINEM MÜNCHEN-BESUCH

Dieses Bild vom Münchner Marienplatz um die Mittagszeit kennt fast jeder, wenn unzählige Touristen aus aller Welt mit gezückten Handys nach oben schauen und warten … aber worauf eigentlich? Täglich um 11 und um 12 Uhr (in den Sommermonaten auch um 17 Uhr) ist hier das weltberühmte Glockenspiel vom Turm des Neuen Rathauses zu hören, und zwar mit vier unterschiedlichen Melodien im monatlichen Wechsel.

Das mit Solarstrom betriebene Glockenspiel besteht aus insgesamt 43 Glocken, deren kleinste zehn Kilogramm und deren größte sagenhafte 1300 Kilogramm wiegt. 2006 und 2007 wurde das Glockenspiel saniert und gereinigt und zum ersten Mal nach 100 Jahren neu gestimmt. Zwei historische Ereignisse aus der Münchner Stadtgeschichte werden während des Spiels gezeigt: Die Figuren der oberen Etage stellen ein Ritterturnier dar, das zu Ehren der Hochzeit Herzog Wilhelms V. mit Renata zu Lothringen auf dem Marienplatz 1568 stattfand. In der unteren Etage kann man die Figuren beim sogenannten Schäffler-Tanz bewundern, der an die überstandene Pest im 16. Jahrhundert erinnert, als sich die Schäffler in ihrer bunten Tracht als Erste wieder auf die Straße trauten und die anderen Bürger zum Tanz ins Leben lockten.

Hoch oben auf der Spitze des Rathausturms steht die Wappenfigur der Stadt, das Münchner Kindl. Den 85 Meter hohen Turm kann man im Übrigen auch besichtigen und von der Aussichtsplattform einen herrlichen Panoramablick über München bis hin zur Alpenkette genießen. Am besten steigt man während des Glockenspiels hinauf, dann ist hier oben weniger los (es gibt auch zwei Aufzüge).

LAGE: Marienplatz 8, 80331 München
www.muenchen.de/rathaus
Haltestelle: Marienplatz (U3, U6, S1–8)

Münchner Residenz

AUF SCHATZSUCHE IM BERÜHMTEN STADTSCHLOSS

Die Residenz in der Münchner Innenstadt war als Stadtschloss der bayrischen Herzöge, Kurfürsten und Könige jahrhundertelang *das* politische und kulturelle Zentrum Bayerns. Der weitläufige Palast, der seine Ursprünge bereits im 14. Jahrhundert hat, ist das größte Innenstadtschloss Deutschlands und eines der bedeutendsten Raumkunstmuseen Europas – und das, obwohl es im Zweiten Weltkrieg große Verwüstungen erlebte und von den über 23 000 Quadratmetern Dachfläche lediglich 50 intakt blieben. In dem Gebäude entdeckt man mit dem Antiquarium eines der größten Renaissance-Gewölbe Europas, und in der Schatzkammer sind die Hauskleinodien der bayrischen Wittelsbacher zu sehen. Neben dem neuen Herkulessaal, einer der Konzertsäle des Symphonieorchesters des Bayrischen Rundfunks (BR), ist hier auch das Cuvilliés-Theater zu finden, das als das bedeutendste Rokokotheater Deutschlands gilt.

Bei kindgerechten Führungen können sich kleine Schlösser-Fans in der Schatzkammer auf die Suche nach dem größten Schatz machen und sie erfahren nebenbei jede Menge über die hier ausgestellten königlichen Kostbarkeiten. Für ältere Kinder haben Jugendliche des Gymnasiums Ottobrunn in Kooperation mit dem BR einen Audio-Guide mit vier kleinen Hörspielen über das Antiquarium der Residenz produziert.

Einmal im Jahr veranstaltet die Bayerische Schlösserverwaltung in der Münchner Residenz einen speziellen Familientag, an dem mit einem Entdeckerbogen der Palast erkundet werden kann. An mehreren Themenstationen lernt man viel über die Herstellung prunkvoller Schätze und kann auch einmal in die Rolle eines Höflings schlüpfen.

LAGE: Residenzstr. 1, 80333 München, www.residenz-muenchen.de
Haltestellen: Odeonsplatz (U3, U6), Nationaltheater (Tram 19), Marienplatz (S1–8)

Unterwegs mit der 19er-Tram

STADTRUNDFAHRT FÜR PFENNIGFUCHSER

Es geht auch ohne Doppeldeckerbus: Das gut ausgebaute Trambahnnetz in München deckt alle wichtigen Sehenswürdigkeiten ab – und manchmal fährt die Tram auch dort entlang, wo sonst keiner fahren darf. Mit einer Gruppentageskarte für den Innenraum gondeln fünf Personen über 14 Jahre den ganzen Tag durch München und können dabei so viel aus- und umsteigen, wie sie möchten – Kinder unter 6 Jahren fahren sogar kostenlos mit. Am schönsten »erfährt« man München mit der Tramlinie 19. Diese startet am Bahnhof Berg am Laim und passiert auf ihrem Weg quer durch die Stadt das »Who's Who« der Münchner Sehenswürdigkeiten, vom Maximilianeum über das Nationaltheater mit Oper und Residenz, Promenaden- und Lenbachplatz, Stachus und Hauptbahnhof bis hinaus nach Pasing mit dem Westbad in der Nähe.

LAGE: Bhf. Berg am Laim über Hauptbahnhof nach Pasing, www.mvg.de
Haltestellen: alle der Tramlinie 19

Die Stadtdetektive

MÜNCHENS GESCHICHTE SPIELERISCH ENTDECKEN

Damit Kids Spaß an einer Stadtführung haben, hat man sich in München etwas Besonderes ausgedacht: Mit Hilfe eines »Detektivkonzepts« bringt man Kinder ganz leicht auf die Spuren der Stadtgeschichte und zu deren Schauplätzen. Das Prinzip der Stadtdetektive ist ganz einfach: Für jede der acht möglichen Stadtführungstouren (z. B. »Grauslige G'schichten«, »Ruppige Ritter« oder »Gut gebrüllt, Löwe!«) bekommt man vorab Infos zu Route, Startpunkt, Dauer, Altersempfehlung sowie Kosten. Als »Meisterdetektiv« begibt man sich dann auf Spurensuche (ca. 2 Std.) und braucht dazu nur wetterfeste Kleidung und gutes Schuhwerk. Auf jeder Kinder-Stadtführung gilt es spannende und knifflige Rätsel zu lösen und so ganz nebenbei jede Menge Spaß an der Münchner Geschichte und deren Sehenswürdigkeiten zu haben.

LAGE: je nach Ausgangspunkt, z. B. Sendlinger Tor, Marienplatz, Schloss Nymphenburg, www.stadtdetektive.com
Haltestellen: je nach Stadtführung unterschiedlich

Das Magische Portal

DIGITALE SCHNITZELJAGD DURCH DIE ALTSTADT

Die familienfreundliche Sightseeing-Tour ist eine Stadtführung der etwas anderen Art: Ganz im Zeichen der Digitalisierungs-Welle kann man als Familie die Münchner Altstadt spielerisch und interaktiv mit einer GPS-basierten iPad-Rallye erkunden. Mittels modernster Technik wird hier eine digitale Schnitzeljagd für Kinder im Alter von 8–16 Jahren ermöglicht (Spieldauer: ca. 2 Std.). Auf dem Weg durchs Stadtzentrum löst man spannende Rätsel mit Trollen, Elfen oder finsteren Gesellen, während die Eltern nebenbei die Sehenswürdigkeiten erkunden – ein zusätzlicher Eltern-Guide vermittelt dazu viel Interessantes. Startpunkt ist das Deutsche Jagd- und Fischereimuseum; dort erhält man das iPad und eine Tasche mit nützlichen Gegenständen, die bei der Suche nach versteckten Hinweisen hilfreich sind.

LAGE: Neuhauser Str. 2, 80331 München
www.munich-secrets.de
Haltestellen: Marienplatz (U3, U6, S1–8), Karlsplatz (S1–8)

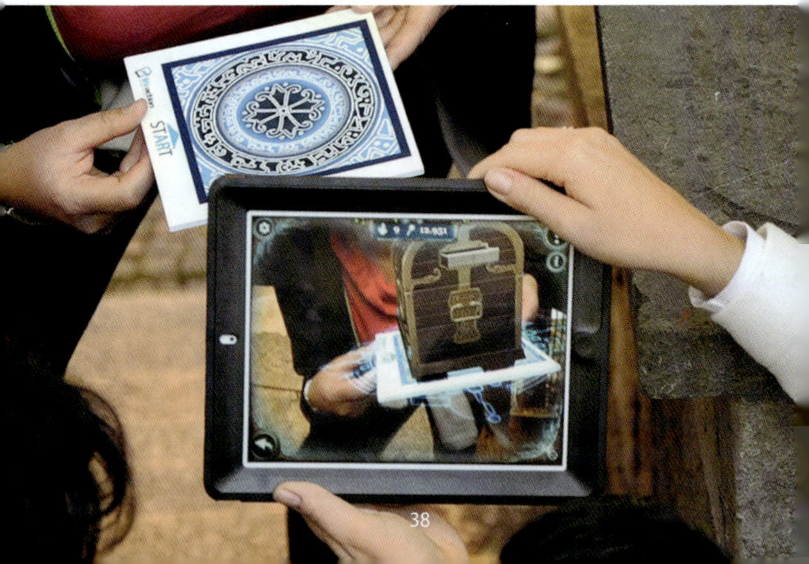

Allianz-Arena Kids Tour

DIE WELT DER GROSSEN FUSSBALLSTARS

Im Fußballstadion der Allianz-Arena kann man bei einer speziell auf kleine Fußballfans abgestimmten Führung viel entdecken. Bei dieser kindgerechten Tour (Dauer: ca. 90 Min.) werfen kleine Lewandowskis einen Blick hinter die Kulissen. Highlights sind u. a. die Mannschaftskabine und die Duschen des FC Bayern, dann geht's durch den Spielertunnel in die Mixed Zone und weiter in den Pressekonferenzraum. Als Krönung folgt das Torwandschießen in der Kick-Hall. Jeder Teilnehmer bekommt eine Urkunde. Im Stadion gibt es auch eine kostenlose Spielwelt für Kinder (3–9 Jahre) mit Abenteuerparcours und Kletterwand. Regelmäßig finden Familientage mit Bastelaktionen und dem Bayern-Maskottchen »Berni« statt. Weiteres Highlight: das erste Training vor dem Start der Bundesligasaison.

LAGE: Werner-Heisenberg-Allee 25, 80939 München
https://allianz-arena.com
Haltestelle: Fröttmaning (U6)

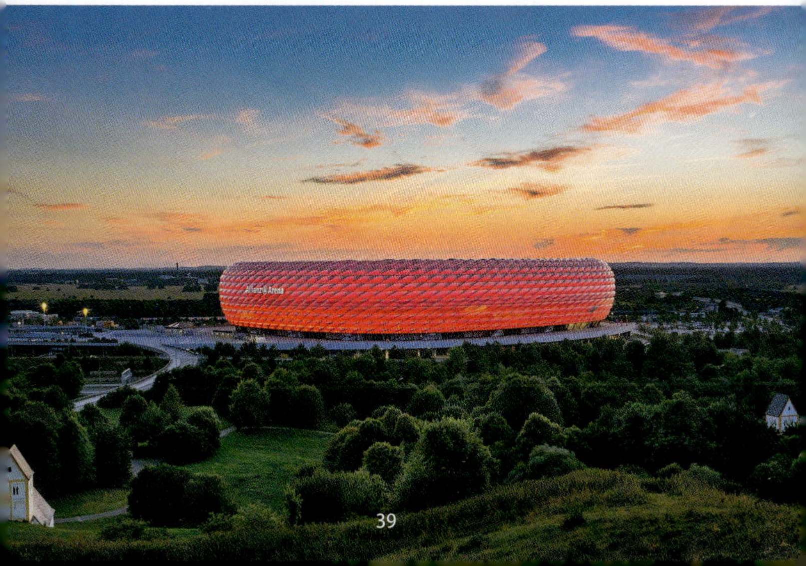

FC BAYERN
MÜNCHEN
Arena

FC Bayern Erlebniswelt

RUHMESHALLE DES REKORDMEISTERS

Als der FC Bayern und der TSV 1860 München sich beständig vergrößerten, wurde der Wunsch auch in München nach einem moderneren Fußballstadion laut. Nach der Ablehnung eines Umbaus des Olympiastadions und einem Bürgerentscheid der Stadtbevölkerung 2001 zugunsten eines Neubaus, begann man in Fröttmaning mit der Errichtung eines neuen Fußballtempels. Der zunächst noch als »futuristisches Luftkissenboot« verspottete Bau ist längst ein Wahrzeichen Münchens geworden.

Mit der FCB-Erlebniswelt konnte 2011 das größte Vereinsmuseum Deutschlands eröffnet werden. Hier kann man sich auf eine emotionale Zeitreise von der Gründungszeit des FC Bayern München im Jahr 1900 bis in heutige Tage begeben. Nicht nur Pokale und Trophäen werden gezeigt, sondern auch Schuhe und Trikots von verdienten Spielern. Die Entwicklung und Geschichte des deutschen Rekordmeisters – von den Anfängen eines kleinen Fußballvereins hin zum »Dominator« der Bundesliga und einzigen deutschen Gewinner der Fifa-Klub-Weltmeisterschaft – wird dabei in Kontext zur allgemeinen Entwicklung des deutschen Fußballs gestellt.

Für kleine und große Fußballfans ist alles multimedial und interaktiv aufgebaut. So kann man ein originales Präsidiumszimmer besichtigen und natürlich die Pappkameraden in der »Hall of Fame« der besten Spieler. Es gibt eine Erlebnis-Rallye durch das Museum, Mitmach-Stationen und Bastelecken. Auch regelmäßige Familienveranstaltungen sind auf die jüngsten Fans themengerecht abgestimmt.

LAGE: Werner-Heisenberg-Allee 25, 80939 München,
https://allianz-arena.com
Haltestelle: Fröttmaning (U6)

Airport-Tour für Kids

HIGHLIGHT FÜR FLUGBEGEISTERTE

Die Tour über das Münchner Flughafengelände richtet sich insbesondere an Familien mit Kindern im Alter von 4–8 Jahren. An Wochenenden, Feiertagen sowie in den bayerischen Schulferien hat man hier die Möglichkeit, auf eine spannende Reise über das Airport-Gelände des Flughafens Franz-Josef Strauß zu machen. Mit Spaß und insbesondere kindgemäßen Erklärungen vermittelt ein Guide die Vorgänge rund um das große Luftgefährt.

Aber nicht nur die geführte Tour ist ein Erlebnis, auch im Besucherpark kann man in die Welt der Flugzeuge abtauchen. Der 28 Meter (oder 170 Stufen) hohe Besucherhügel (Eintritt 1 € pro Person) bietet einen sensationellen Blick auf die Start- und Landebahnen. Ewig könnte man hier stehen und den unterschiedlichsten Flugzeugen beim Starten und Landen zusehen. Zweimal täglich fliegt hier übrigens der Riesenvogel, der Airbus A380, das größte Passagierflugzeug der Welt, vorbei. Zudem kann man vom Besucherhügel das Geschehen auf dem Vorfeld gut einsehen – erst von hier oben wird wohl jedem bewusst, wie eng getaktet alles ist.

Ein neu angelegter Erlebnisspielplatz mit kleinem Hochseilgarten verführt zum Klettern, Hangeln und Rutschen aus dem Kontrollturm, oder man saust mit der Seilbahn-Rutsche über die Start- und Landebahn. Ein großes Spielflugzeug für angehende PilotInnen, eine kleine Minigolfanlage und eine interaktive Ausstellung rund um die Flughafenwelt komplettieren das Angebot, sodass man gut einen ganzen Nachmittag am Flughafen verbringen kann.

Weitere Ausblicke auf die Start- und Landebahnen bietet übrigens auch die Aussichtsterrasse im Terminal 2.

LAGE: Nordallee 7, 85356 München
www.munich-airport.de
Haltestelle: Besucherpark (S1, S8)

Die Sterne stehen gut
für Ihre Traumreise.
Kleiner Bär
Großer Wagen
Viel Spaß mit
Lufthansa bei
Surf & Style!
LH.com
Viel Spaß mit
Lufthansa bei
Surf & Style!

Ki m Olympiasee
Trampolin + Bungee

Olympiapark

NAHERHOLUNGSGEBIET UND SPORTLERPARADIES

Heutzutage kann man sich kaum noch vorstellen, dass das Olympiagelände vor 50 Jahren noch außerhalb von München lag und dass das gesamte Gelände ehemals ein Flughafen war. Doch zum Glück für München und das Oberwiesenfeld war diese große Freifläche ideal, um das Konzept der »Spiele im Grünen« zu verwirklichen. So wurde der größte Berg neu modelliert und begrünt und um vier Meter erhöht – heute ist der Olympiaberg ein beliebter Treff- und Aussichtspunkt. Der Olympiasee wurde als Wasserrückhaltebecken für Starkregen angelegt. An seinem Ufer finden in den Sommernächten Veranstaltungen wie ein Open-Air-Kino statt.

Der Olympiapark südlich der Sportstätten sollte als olympische Landschaft ein Zeichen der »Spiele im Grünen«-Idee sein. Quasi fast nebenbei entstand so eine der größten Grünanlagen Münchens mit hohem Naherholungsfaktor. Auf dem Eventareal findet z. B. das Sommer-Tollwood statt. Die olympischen Sportanlagen werden immer noch regelmäßig genutzt. Zuerst genannt werden muss hier das Olympiastadion mit seiner einmaligen Zeltdachkonstruktion. Nicht nur gastieren hier im Sommer regelmäßig die Stars der Musikwelt, es finden auch immer wieder Sportgroßveranstaltungen statt, wie z. B. die Leichtathletik-EM. In der Olympiahalle werden das ganze Jahr über kleinere Konzerte und Shows veranstaltet. Und das Olympiabad mit seinem großen Schwimmerbecken und seiner 10-Meter-Sprunganlage ist bei den Münchnern immer noch sehr beliebt.

In den bayerischen Sommerferien findet auf dem Olympiagelände zudem das Programm der Spielstadt »Mini-München« statt.

LAGE: Münchner Stadtbezirk 11, Milbertshofen/Am Hart
www.olympiapark.de
Haltestelle: Olympiazentrum (U3, Bus 173)

Bavaria Filmstadt

EIN AUSFLUG IN DIE WELT VON FILM UND FERNSEHEN

Einmal den Arbeitsplatz so vieler bekannter Schauspieler und Stars erleben: Während einer Führung durch die Bavaria Filmstadt weiß man gar nicht, wo man zuerst hinschauen soll, so viele Filmkulissen und Requisiten, die man vielleicht aus Serien kennt, gibt es hier zu sehen. So kann man die Original-Kulisse der Realverfilmung des Michael-Ende-Klassikers »Jim Knopf und Lukas der Lokomotivführer« bewundern oder das berühmte 55 Meter lange U96-Boot aus dem Filmklassiker »Das Boot«. Während der etwa 90-minütigen Führung erhält man vom Tourguide zahlreiche Informationen, z. B. wie Filmprofis arbeiten oder wie viel Aufwand in einer Minute gezeigtem Film steckt. Neben dem Besuch der zwölf großen und kleineren Studios streift man auch durch eine berühmte Kulisse, die Münchner Straße. Das Besondere daran: Diese Straße kann jederzeit den jeweiligen filmischen Gegebenheiten angepasst werden.

Bei vielen Mitmach-Aktionen können kleine angehende Filmstars ihr Talent vor laufender Kamera testen, z. B. mittels Tricktechnik Szenen aus verschiedenen Filmen nachspielen. Die dabei entstandenen Kurzfilme kann man am Ende als persönliches Souvenir erwerben.

Wer nun denkt, das war schon alles, irrt sich, denn in der Bavaria Filmstadt gibt es Münchens einziges 4D-Kino. Der hier gezeigte Animationsfilm »Moglis Dschungel-Abenteuer« bietet 3D-Bild- und -Sound- sowie Spezialeffekte und bewegte Sitze (für Kinder unter 1,20 m Körpergröße ist kein Besuch möglich). Sonntags ist in der Bavaria Filmstadt übrigens Familientag mit vergünstigtem Ticket und (in der Hauptsaison) Gratis-Aktionen, wie z. B. Stunt-Workshops, Wunden- und Effekt-Make-up oder Kinderschminken.

LAGE: Bavariafilmplatz 7, 82031 München, www.filmstadt.de
Haltestelle: Grünwald-Bavariafilmplatz (Tram 25)

Flugwerft Schleißheim

WO PILOTENTRÄUME WAHR WERDEN

In der Flugwerft Schleißheim, einer Außenstelle des Deutschen Museums, werden etwa 70 Objekte aus der Luftfahrtgeschichte präsentiert. Hier kann man Originalflugzeuge unter die Lupe nehmen und dabei die Entwicklung in der Flugzeugkonstruktion nachvollziehen. In der »Gläsernen Werkstatt« darf man den Restauratoren bei der Reparatur der Ausstellungsstücke über die Schulter schauen. Zudem findet man auf dem Ausstellungsgelände auch Raketen und Raketenmotoren aus verschiedenen Epochen des Strahltriebwerkbaus.

Auf dem Schleißheimer Areal gab es schon 1918 eine Flugwerft, in der Flugzeuge gewartet und repariert wurden. Aber nicht nur Militärflugzeuge, auch viele einmotorige Privatflugzeuge können begutachtet werden. Vom Turm der Kommandantur, dem ältesten Gebäude auf dem Gelände, hat man einen guten Überblick über die noch erhaltenen Flugplatzanlagen. Hier befindet sich auch eine Rekonstruktion der Funkerschule, die zeigt, wie im Ersten Weltkrieg Funker ausgebildet wurden. Daneben gibt es noch die Flugwetterwarte, in der sich die damaligen Piloten über das Wetter informieren konnten.

In der neuen großen Ausstellungshalle steht der Großteil der Flugzeuge: ob Klassiker, Hubschrauber, Senkrechtstarter, Hängegleiter inklusive Flugzeugmotoren oder die militärischen Strahlflugzeuge der Nachkriegszeit. Bei Kinderführungen können die Kleinen auch einmal in die Cockpits einsteigen, die sonst nicht zugänglich sind, und z. B. bei der DO27 das Steuerhorn bedienen, die Landeklappen setzen und die Höhenmesser einstellen. Auf einem Tretfahrrad treiben sie einen Propeller an und machen vielleicht zum Abschluss noch im »Fliegenden Zirkus« den Pilotenschein.

LAGE: Ferdinand-Schulz-Allee, 85764 Oberschleißheim
www.deutsches-museum.de/flugwerft
Haltestelle: Oberschleißheim (S1)

BMW-Welt und BMW-Museum

SCHNELLE AUTOS UND EIN LEGENDÄRER VIERZYLINDER

Im Schatten des Olympiaturms ist auf der nördlichen Seite des Mittleren Rings seit jeher der Automobilhersteller BMW zu finden, der mit seinen Gebäuden auch zukunftsweisende Architektur verwirklicht hat – das fing 1972 mit den Olympischen Spielen und dem Vierzylinder sowie der Weißwurstschüssel an und wurde mit der BMW-Welt 2007 fortgeführt. Münchner wissen natürlich, was damit gemeint ist: Der Vierzylinder ist das 101 Meter hohe Haus der BMW-Hauptverwaltung, das mit seinen typischen vier runden Türmen lange Zeit Münchens höchstes Gebäude war. Nach den Olympischen Spielen wurde daneben die Schüssel, das Gebäude des BMW-Museums, eröffnet.

2007 wurde mit der wild geschwungenen BMW-Welt das Ensemble komplettiert. Obwohl im Vorfeld als baulich nicht realisierbar kritisiert, hat sich die BMW-Welt mittlerweile zur meistbesuchten Touristenattraktion Bayerns vorgearbeitet, und das noch vor Schloss Neuschwanstein. Hier werden die aktuellen Fahrzeuge der Marken BMW, Mini, Rolls-Royce, BMW-Motorrad und aus dem Motorsport ausgestellt. Zudem wird die BMW-Welt als Auslieferungsgebäude für Neufahrzeuge genutzt. Daneben gibt es hier noch das Zwei-Sterne-Restaurant »Esszimmer« und weitere gastronomische Angebote, Shops und Informationsstände. Mittels einer Brücke über die Lerchenauer Straße lässt sich das Museum barrierefrei erreichen. In dessen architektonisch außergewöhnlichem Innenraum wurde das Konzept der »Straße als umbauter Raum« verwirklicht. Daneben sind BMWs aus verschiedenen Jahrzehnten ausgestellt und vor allem für autobegeisterte Kinder und ihre Papas eine wahre Augenweide.

LAGE: Am Olympiapark 1, 80809 München, www.bmw-welt.com
Haltestelle: Olympiazentrum (U3)

museum

Münchner Theater für Kinder

FANTASIEVOLLES SCHAUSPIEL FÜR DIE KLEINSTEN

Das denkmalgeschützte Münchner Theater für Kinder ist *die* Anlaufstelle für junge Familien, um die Kleinen in die Welt des Theaters einzuführen. Bereits seit 1967 gibt es das Theater, das in einem geschichtsträchtigen Haus untergebracht ist. Vor über 100 Jahren, während des Ersten Weltkriegs, gründete der ehemalige Kupferschmiedmeister Adalbert Pfaller ein Lichtspieltheater bzw. Münchens erstes Tonfilmtheater in der Dachauer Straße. 1975 wurde das im Jugendstil errichtete Gebäude schwer beschädigt, konnte aber glücklicherweise restauriert werden.

Pro Spielzeit stehen ca. 15 verschiedene Stücke auf dem Spielplan, und professionelle Bühnenschauspieler, fantasievolle Kostüme sowie liebevoll gestaltete Bühnenbilder bringen Kinderaugen zum Leuchten. Märchen der Gebrüder Grimm, von Hans Christian Andersen oder Wilhelm Hauff werden für Kinder im Alter von 4–10 Jahren aufgeführt. Aber auch Stücke moderner Autoren wie Astrid Lindgren, Janosch (»Oh, wie schön ist Panama«), Sven Nordquist (»Petterson und Findus«) oder Otfried Preußler kommen auf die Kinderbühne.

Eine gute Sicht ist dabei für die Kleinsten garantiert, da die Bühne erhöht ist. Und nach der Vorstellung hat man noch die Möglichkeit, Fragen an die Schauspieler zu richten (nach vorheriger Anmeldung an der Theaterkasse). Gern dürfen Kinder auch Bilder zu den jeweiligen Aufführungen malen, die dann im Foyer des Theaters aufgehängt werden.

Auf der Homepage kann man sich vorab genau über das jeweilige Stück, die Dauer (zwischen 50 und 75 Min.) und die Altersempfehlung informieren. Eintrittskarten für die jeweiligen Vorstellungen sind online erhältlich oder können bei München Ticket erworben werden.

LAGE: Dachauer Str. 46, 80335 München, www.mtfk.de
Haltestelle: Stiglmaierplatz (U1, U7)

Münchner Marionettentheater

TRADITIONSREICHES PUPPENSPIEL

Das kleinste Opernhaus in München gilt zudem als ältestes nicht mobiles Marionettentheater im deutschsprachigen Raum. Die Geschichte des traditionsreichen Hauses reicht bis ins Jahr 1858 zurück, als sich Josef Leonhard Schmid (auch bekannt als »Papa Schmid«) mit dem Ansinnen an die Stadt München wandte, eine »Errichtung eines ständigen Marionettentheaters für Kinder« zu planen. Sein Ziel war es, den Kindern im Gegensatz zu den auf zahlreichen Dulten vorgeführten »Hanswurstiaden« sittliche und schickliche Stücke zu präsentieren. Seiner Bitte wurde stattgegeben, und so fand das neu gegründete Marionettentheater nach zahlreichen Zwischenstationen im Jahre 1900 seinen festen Platz in der Blumenstraße.

Der Zuschauerraum des kleinen Theaters verfügt über 14 aufsteigende Sitzreihen, deren Plätze auf Lücke gesetzt sind, sodass Kinder auch von den hinteren Reihen einen guten Blick auf die Bühne haben. Mit liebevoll aus Holz und Modelliermasse handgefertigten Marionetten wird ein umfangreiches Programm für Kinder im Alter von 4–7 Jahren gespielt. So können junge Gäste u. a. das historische Kasperlstück »Die Mondlaterne«, aber auch modernere Stücke wie »Die kleine Hexe« oder »Ritter Rost« bewundern. Neben Märchenklassikern gibt es zudem regelmäßig klassische Opernaufführungen, wie z. B. »Die Zauberflöte«, »Don Giovanni« oder die »Carmina Burana«.

Jeden Mittwoch- und Freitagvormittag (Terminabsprache) hat man die Gelegenheit, einen Blick hinter die Bühne zu werfen, bekommt so einmal alles aus der Perspektive des Puppenspielers zu sehen und erhält Informationen zu den unterschiedlichsten Spieltechniken.

LAGE: Blumenstr. 32, 80331 München, www.muema-theater.de
Haltestelle: Sendlinger Tor (U1, U2, U3, U6)

26

Münchner Bücherschau junior

EIN FEST DER BÜCHER NUR FÜR KINDER

Die Münchner Bücherschau, eine Veranstaltung des Börsenvereins des Deutschen Buchhandels in Zusammenarbeit mit dem Kulturreferat der Landeshauptstadt München, findet bereits seit über 60 Jahren immer im Herbst im Kulturzentrum Gasteig statt. Über 300 deutschsprachige Verlage stellen in den Gängen vor den Konzertsälen ihre Neuheiten vor – und seit dem Jahr 2006 gibt es auch als Pendant dazu immer im Frühjahr eine Bücherschau extra für Kinder und Jugendliche: die Münchner Bücherschau junior, *das* Münchner Lese-Festival. Zahlreiche deutsche Kinder- und Jugendbuchverlage stellen dabei an neun Tagen ihr neues Verlagsprogramm vor. Das Münchner Stadtmuseum ist dabei der Schauplatz für eine umfangreiche Buch- sowie Kindermedienausstellung und verwandelt sich in dieser Zeit in ein Kinder- und Jugendbuchparadies für kleine und große Leseratten. Sage und schreibe um die 5000 Exponate, darunter Bücher und Hörbücher, Spiele, Lernspiele, aber auch Kindersoftwareangebote werden präsentiert.

Neben der Ausstellung, in der man sich in Ruhe die neuesten Buchererscheinungen ansehen oder in den verschiedensten Büchern schmökern kann, gibt es ein kunterbuntes Veranstaltungsprogramm. Einige Lesungen der Lieblings-Kinderbuchautoren, Spiel- und Aktionsworkshops, aber auch interessante Abendvorträge für Eltern lassen alle in die Welt der Bücher eintauchen. Einige Aktionen rund ums Buch führen im Übrigen auch zu anderen, außergewöhnlichen Lese-Standorten – ein Blick ins Veranstaltungsprogramm der Münchner Bücherschau junior lohnt sich auf jeden Fall und der Besuch ist immer ein Gewinn!

LAGE: St.-Jakobs-Platz 1, 80331 München
www.muenchner-buecherschau-junior.de
Haltestellen: Marienplatz (U3, U6, S1–8), Sendlinger Tor (U1–3, U6)

Kinder-Krimifest

FÜR SPÜRNASEN UND KLEINE DETEKTIVE

Wie mag es wohl sein, wenn man selbst auf Verbrecherjagd und Spurensuche geht, so wie man es vielleicht aus zahlreichen Büchern kennt? Einmal selbst in die Rolle von Sherlock Holmes schlüpfen, das wäre was!

Kinder lieben es, Detektiv zu spielen, manchmal gründen kleine Kriminaloberkommissare auch Detektiv-Clubs und warten sehnsüchtig darauf, dass endlich einmal etwas im Ort passiert und sie dann einen »echten« Fall lösen können. Da kommt das Kinder-Krimifest jedes Jahr im März für die Nachwuchsspürnasen gerade recht: Zwei Wochen lang ist hier für Kinder ab 6 Jahren für Spannung gesorgt, und alles dreht sich dabei um Tatorte und Verbrechensaufklärung. Das funktioniert folgendermaßen: Zu Beginn des Kinder-Krimifests passiert ein »Verbrechen«, das dann von den Mini-Schimanskis gelöst werden muss. Detektiv-Ausweis, Spurensicherung, Beweisaufnahme, Ermittlungsakten – hier gibt es das volle Programm.

Um die Kinder fachmännisch bei ihrer kriminologischen Arbeit zu unterstützen, werden alljährlich echte Kriminal-Experten zum Kinder-Krimifest eingeladen. Ein umfangreiches Veranstaltungsprogramm mit zahlreichen Lesungen, Filmen und Spielen, aber auch Detektiv- und Theaterworkshops sowie Schreibwerkstätten rundet das Angebot ab. Die verschiedenen »Tatorte« befinden sich u. a. in der Seidlvilla, am Gasteig und in den Stadtteilbibliotheken. Sogar ein echtes Polizeipräsidium bildet die Kulisse für einen Fall.

Für kleine AutorInnen im Alter von 9–12 Jahren aus München und dem Großraum München veranstaltet das Kinder-Krimifest einen Schreibwettbewerb. Das maximal dreiseitige Manuskript muss vor Beginn des Festes eingereicht werden.

LAGE: Programm- und Veranstaltungsort-Übersicht auf www.kinderkrimifest.de
Haltestellen: je nach Veranstaltungsort

Johannes-
beersaft

Autorenlesung im Turmstüberl

MÄRCHENHAFTES IM VALENTIN KARLSTADT MUSÄUM

Am Ende des Tals in der Münchner Innenstadt steht das imposante Isartor. Die ehemalige östliche Abschlussanlage sticht durch ihre gelbe Farbe und den großen Torturm sowie durch die beiden dicken Seitentürme besonders hervor. Aber nicht nur das Äußere (mit der rückwärtsgehenden Uhr) ist sehr beeindruckend, auch das Innere hält so einiges für Entdecker bereit. In den beiden Seitentürmen ist das Valentin Karlstadt Musäum untergebracht. Schon der Aufstieg vom Kassenbereich in den ersten Stock bringt durch die detailverliebte und im Geiste Karl Valentins gestaltete enge Wendeltreppe zum Schmunzeln – hier findet man z. B. das zugemauerte Aussichtsfenster und andere Kuriositäten und Sprüche des Meisters. Das Musäum selbst präsentiert das gesamte Spektrum Karl Valentins und seiner kongenialen Partnerin Liesl Karlstadt: In der Dauerausstellung sieht man ihn als Komiker, Stückeschreiber, Wortakrobat, Philosoph, Volkssänger und Avantgardist. Valentins Partnerin Liesl Karlstadt wird mit einer Dauerausstellung im zweiten Stock des Südturms gewürdigt. In dessen drittem Stock ist das Café Turmstüberl untergebracht, mit witziger Einrichtung und einem tollen Ausblick. Hier finden u. a. Veranstaltungen und Vorträge von Münchner Volkssängern und Künstlern statt. Besonders seien hierbei die Lesungen von Stefan Murr und Karl-Heinz Braun erwähnt – ein Riesenspaß für die ganze Familie, denn die beiden haben die Grimm'schen Märchen in bayrischer Sprache neu interpretiert und mit vielen Mitsing-Liedern aufgepeppt, dass es eine wahre Freude ist, wenn das Publikum diese lauthals mitsingt. Als Vor- oder Nachbereitung dieser Events seien den Zuhörern die Vertonungen der Lesungen als Hörspiele auf CD wärmstens empfohlen.

LAGE: Tal 50, 80331 München, www.turmstüberl.de
Haltestelle: Isartor (S1–8)

29

Ballettzauber im Gasteig

VIBRIERENDER MITTELPUNKT DER STADT

In diesem riesigen, klinkersteinroten Gebäude am Isar-Hochufer werden zahlreiche kulturelle Hochgenüsse angeboten – nicht umsonst gilt der Münchner Gasteig als eines der größten Kulturzentren Europas. Hier findet man neben dem Großen Konzertsaal viele weitere Räumlichkeiten für diverse Veranstaltungen und u. a. auch die Stadtbibliothek, die Münchner Volkshochschule und die Hochschule für Musik und Tanz München. Schon wenn man tagsüber den Gasteig betritt, um z. B. an den Schaltern ein Ticket für das vielfältige Programm zu erwerben, wird man von einer regelrecht vibrierenden Atmosphäre umgeben: Über dem Gemurmel der Besucher hört man im Hintergrund die Streicher und Sänger proben. Und wird es dann späterer Nachmittag und Abend, erglänzt das Gebäude im Lichtermeer und man bewundert die schöne Garderobe der Konzertbesucher, spürt die Anspannung der Musiker vor dem Auftritt und wird so in eine ganz besondere Stimmung versetzt, der man sich nur schwer entziehen kann.

Für Familien gibt es ein buntes Programm, das nicht ganz so steif abläuft wie die Konzerte und Vorstellungen am Abend für die Erwachsenen. Im Besonderen seien hier die Lesungen im Rahmen der Bücherschau empfohlen oder auch das Familienballett mit Erzähler: Dabei kommen ganz besondere, wunderschöne Versionen diverser Ballettklassiker für alle im Alter von 4–94 Jahren auf die Bühne – für Kinder gemacht, doch keineswegs kindisch! Farbenfrohe Kostüme und ein fantasievolles Bühnenbild versprechen Zauberhaftes, und eingängige kleine Gedichte voller Witz und Charme ziehen Jung und Alt in ihren Bann. Man wird in das Wunderland des Verspielten und Romantischen, Märchenhaften und Träumerischen entführt, das Teil eines jeden Kindertraums sein sollte!

LAGE: Rosenheimer Str. 5, 81667 München, www.gasteig.de
Haltestelle: Rosenheimer Platz (S1–8)

Willkommen
bei Kino am
Olympiasee
Geheimnis
Fr 05.06.
am Olympiasee
ABSTAND

Kino am Olympiasee

FILME GUCKEN UNTERM STERNENHIMMEL

Jährlich von Mai bis September verwandelt sich das große Wiesengelände am Olympiasee vor der Olympia-Schwimmhalle in ein regelrechtes Open-Air-Areal mit zwei 16 Quadratmeter großen, tageslichtfähigen LED-Leinwänden. Zahlreiche Liegestühle und sogenannte »Love Seats« verwandeln die Picknickwiese in einen Kinosaal, eingebettet in die tolle Kulisse des Olympiaparks. Das Kino am Olympiasee ist übrigens europaweit das einzige Open-Air-Kino, das regelmäßig Filme in 3D-Digital-Qualität zeigt.

Eine weitere Besonderheit des Kinos am Olympiasee ist das Family-Open-Air: Jeden Samstag und Sonntag, im August auch freitags, werden Film- und Live-Shows speziell für Familien gezeigt. Kinderfreundlich starten diese Events bereits um 16 Uhr, sodass die Vorstellungen im Hellen stattfinden können. Dies kommt insbesondere den jüngsten Kinobesuchern entgegen, denen möglicherweise die Kinoatmosphäre in einem dunklen Saal nicht so ganz geheuer ist. Und sollte es bei einer Vorstellung einmal zu kalt sein oder im schlechtesten Fall sogar regnen, kann man sich vor Ort eine Kuscheldecke und einen Schirm ausleihen.

Bei vielen Vorstellungen gilt das Prinzip der freien Platzwahl, daher sollte man frühzeitig kommen, um gute Plätze zu ergattern. Wer dies nicht schafft, kann im Ticketshop unter der Kategorie »Platzauswahl« seine Wunschplätze im Voraus reservieren. Ein Solidaritäts-Euro pro verkauftem Ticket geht im Übrigen an die Münchner Programmkinos.

In der einen Hand die große Popcorn-Tüte, in der anderen Hand vielleicht ein Glas Limonade, mittendrin die leuchtenden Augen der glücklichen Kinder – das ist Familien-Kinospaß vom Feinsten!

LAGE: Coubertinplatz 1, 80809 München
www.kinoamolympiasee.de
Haltestelle: Olympiazentrum (U3)

Planetenweg

EXPEDITION DURCHS SONNENSYSTEM ENTLANG DER ISAR

Wer schon einmal im Deutschen Museum war, hat sich vielleicht gewundert, was die komische Stele mit der goldenen Kugel obendrauf wohl darstellen soll? Und möglicherweise hat man dann sogar herausgefunden, dass es sich dabei um die Sonne handelt. Aber dass diese Säule auch der Startpunkt einer ganz besonderen Expedition ist, das wissen nicht so viele. Von hier aus können wir nämlich eine Reise durch unser Sonnensystem machen und dabei trotzdem am Boden und in München bleiben! An der Isar entlangspazierend, »reist« man gedanklich mit der unglaublichen Geschwindigkeit von vier Millionen Kilometern in der Stunde bis zu den Grenzen unseres Sonnensystems!

Nachdem man die informative Tafel an der Sonnen-Stele durch- bzw. vorgelesen bekommen hat, geht man Richtung Osten hinüber zur Zeppelinstraße. Nach wenigen Metern kann man die erste Planeten-Darstellung betrachten, den Merkur, der sich an einer Säule im Durchgang zur Zenneckbrücke versteckt. Über der Isar »schwebt« als Nächstes die Venus, und kurz nach der Brücke erwartet uns die Erde. Alsdann folgen wir dem sehr gut ausgeschilderten Weg Richtung Süden an der Isar entlang bis zum Mars. Am Tierpark Hellabrunn entdecken wir schlussendlich Pluto. Dort angekommen, können wir unsere Sieben-Meilen-Füße in der Isar abkühlen oder noch einen Abstecher in den Zoo machen.

Und sollte der Weg einmal für kleine Füße wirklich zu weit sein, kann man jederzeit mit den öffentlichen Verkehrsmitteln zum Startpunkt oder nach Hause zurückfahren.

LAGE: Museumsinsel 1, 82031 München, www.deutsches-museum.de
Haltestellen: Isartor (S1–8, Tram 16), Deutsches Museum (Tram 17)

Schloss Blutenburg

MITTELALTERLICHE BURG GANZ OHNE GRUSEL

Die Blutenburg hat zwar einen unheimlichen Namen, ist aber gar nicht gruselig. Vielleicht, man weiß es nicht sicher, stammt der Name gar vom Begriff »Blüte« ab? Die Bezeichnung Blütenburg würde für dieses grüne Fleckerl in Obermenzing nämlich sehr gut passen: Die Blutenburg an der Würm und der sie umgebende Park sind ein wahres Spaziergeh-Eldorado. Hier versteckt sich eine der unbekanntesten Grünanlagen Münchens mit dem seltsam anmutenden Namen Durchblick.

Am besten startet man den Spaziergang beim Spielplatz am Durchblick. Kurz danach passiert man den Schlittenberg, der natürlich im Winter gern von Familien mit kleinen Kindern berodelt wird. Durch die Begrünung und den Baumbewuchs an beiden Seiten des Durchblicks und die Ackerflächen in der Mitte scheint die trubelige Stadt ganz weit weg zu sein. Am Ende der südlich und nördlich der Ackerflächen vorbeiführenden Wege erkennt man schon die Umrisse der Burg. Dort angekommen, kann man am Weiher prima eine Pause einlegen, den Skulpturenpark in der Burg besuchen oder im Restaurant einkehren. Auch die Burg hat ein großes Entdeckerpotenzial: Wer fühlt sich hier nicht gern als Burgfräulein oder Ritter?

Auch ein Besuch der hier untergebrachten Jugendbibliothek lohnt sich, ist sie doch eine der größten ihrer Art. Die Blutenburg beherbergt zudem das Michael-Ende-Museum und ist Veranstaltungsort für z. B. das Obermenzinger Dorffest und den Christkindlmarkt.

LAGE: Bertha-von-Suttner-Weg 1, 81245 München
www.blutenburg.de
Haltestelle: Blutenburg (Bus 143, 160)

Englischer Garten

SEHNSUCHTSORT UND GRÜNE OASE

Was ist nicht alles schon über den Englischen Garten geschrieben worden, in wie vielen Liedern, Gedichten und Essays wurde er gepriesen. Doch das Lesen über diesen Garten kommt nicht im Mindesten an das Vergnügen heran, selbst auf den Wegen durch das herrliche Grün zu wandeln, die vielen Bäche zu erkunden und sich auf den weitläufigen Wiesen zu einem Picknick niederzulassen. Dieser Park, der vom Norden bis fast ins Herz von München hineinreicht, lässt einen die ihn umgebende pulsierende Millionenstadt schnell vergessen.

Einen Spaziergang beginnt man am besten beim Haus der Kunst, wo der Park nur von der Von-der-Tann-Straße vom Hofgarten getrennt ist. In der Nähe des Museums befindet sich einer der touristischen Hotspots, was sich an der respektablen Menschentraube am Geländer der Eisbachbrücke erkennen lässt: Hier fordert die weltberühmte Eisbachwelle alle Surfer heraus. Geht man ein paar Schritte weiter, wird es an den Bächen, den Wiesen und im Wald des Englischen Gartens schnell wieder einsamer. Im Sommer wird der Eisbach gern als kühlendes Stadtbad in Beschlag genommen, doch es gilt hier unbedingte Vorsicht, denn der Bach hat eine tückische und schnelle Strömung, die schon manchem fast zum Verhängnis geworden wäre.

Der Schwabinger Bach im westlichen Teil des Parks fließt etwas gemächlicher. Weiter im Norden kommt man zum Spielplatz Seehaus und zum Kleinhesseloher See, wo man gemütlich eine Runde mit dem Tretboot drehen kann.

Der Englische Garten ist von allen Seiten gut mit dem ÖPNV zu erreichen; eine Buslinie fährt auf Höhe des Chinesischen Turms sogar durch den Garten.

LAGE: direkt im Herzen von München
www.muenchen.de/sehenswuerdigkeiten
Haltestellen: entlang der U6

Perlacher Mugl

KLEINE GIPFELKUNDE AM MÜNCHNER HÜGELCHEN

Nicht viele Metropolen können so wie München kilometerweite Wälder direkt an der Stadtgrenze vorweisen. Im Süden wird die Stadt tatsächlich fast von Wäldern schier umzingelt, in denen gern Schwammerlsucher unterwegs sind. Einer dieser Wälder ist der Perlacher Forst, der ein, zwei Besonderheiten hat, die einen Besuch besonders spannend machen: Mittendrin versteckt sich der Perlacher Mugl, ein Hügelchen, das aus den Bäumen herausspitzt. Er ist von allen Seiten aus gleich gut zu erreichen, und die Wege dorthin bieten viele kleine Naturattraktionen. Im Norden, von Harlaching aus startend, bietet sich für die sportliche Familie ein Trimm-dich-Pfad als Rundtour durch den Wald an. Etwas weiter im Wald, aber immer noch nördlich vom Mugl, gibt es den Hirschbrunnen, ein kleines Biotop mit zwei Teichen, an denen man mit etwas Glück zahlreiche Amphibien beobachten und auch prima picknicken kann. Weiter südlich erreicht man dann den Mugl, der mit seinen zwar nur 26 Metern Höhe dennoch bei schönem Wetter einen fantastischen Ausblick auf die Alpen bietet. Ein kleiner Pavillon lädt zum Verweilen, und die Kinder können mittels einer Panoramakarte versuchen, die Berge richtig zu benennen. Weiter südlich vom Mugl befindet sich eine zum Biotop umgebaute Kiesgrube, bei der man ebenfalls wieder viele Amphibien entdecken kann.

LAGE: **direkt südlich von München, zwischen Grünwald, Harlaching und der A 8**
Haltestellen: **je nach Startpunkt, z. B. Fasanenpark (S3)**

Burg Grünwald

DIE MUTIGEN RITTERSLEUT' VOM ISARTAL

München ist mit mittelalterlichen Burgen wahrlich nicht gesegnet, die meisten fielen Kriegen oder dem unbändigen Wachstum der Stadt zum Opfer. Eine der ältesten Burgen der Umgebung aber hat die Zeiten überdauert: »In Grünwald im Isartal, glaubt es mir, des war amal, da ham edle Ritter g'haust, dene hat's vor gar nix 'graust« – so dichtete schon Karl Valentin in seinem berühmten Lied.

Die Burg Grünwald hat die über 1000 Jahre ihres Bestehens relativ unbeschadet überstanden. Im Inneren der Burg kann man heute noch erleben, wie die »oidn Rittersleut'« einst in Grünwald hausten, und zwar in einem Zweigmuseum der archäologischen Staatssammlung, das für Kinder viel zu bieten hat: Eine singende Rüstung und viele interaktive Medienangebote entführen die kleinen und großen Besucher direkt ins Mittelalter. Was Kindern am meisten Spaß machen wird: Sie dürfen hier vieles anfassen und ausprobieren. An Hörstationen lauscht man den fiktiven Gesprächen der Menschen vergangener Zeiten, wie sie einst wohl redeten und sangen. Das hier ausgestellte alte Spielzeug dürfen Kinder nicht nur mit ihrem eigenen daheim vergleichen, sondern sie dürfen auch damit spielen.

Wenn man im Museum genug gesehen, gehört und gespielt hat, belohnt einen der Aufstieg auf den Bergfried mit einem wunderschönen Rundumblick übers Isartal, auf München und die Alpenkette im Süden. Verspürt man Hunger, lockt das burgeigene Restaurant zu wahrhaft ritterlichen Genüssen und mit einem tollen Ausblick von der Terrasse. Passt das Wetter, kann man noch zur Isar hinabsteigen und sich am großzügigen Kiesstrand vergnügen.

LAGE: Zeilerstr. 3, 82031 Grünwald
www.gemeinde-gruenwald.de; http://burgenseite.de
Haltestellen: Derbolfinger Platz (Tram 25),
Höllriegelskreuth (S7, dann Bus 271 nach Grünwald)

Botanischer Garten

GRÜNES KLEINOD BEI SCHLOSS NYMPHENBURG

Gleich neben dem Schlosspark Nymphenburg bzw. am nördlichen Teil der Parkanlage anschließend findet man eine beliebte Oase Münchens: den Botanischen Garten, mit über 21 Hektar einer der größten seiner Art in Deutschland.

Bereits 1812 wurde in der Nähe des Stachus ein Botanischer Garten eröffnet, jedoch schon knapp 100 Jahre später war dieser durch das Städtewachstum und die damit verbundene Luftverschmutzung nicht mehr gut besucht. Deshalb wurde der neue Garten vor den (damaligen) Toren der Stadt auf einem großzügigen Gelände in nur drei Jahren angelegt.

Neben seinen wunderschönen Außenbeeten entdeckt man hier im Garten auch eines der letzten großen Pflanzenschauhäuser, wie sie Anfang des 19. Jahrhunderts noch in vielen Städten Europas zu finden waren. In diesem Gewächshaus (4500 m^2) wachsen Pflanzen aus kühltropischen Bergwäldern, Wüsten und feuchttropischen Gebieten. Die Außenanlagen sind auf bestimmte Landschaftsbilder hin getrimmt, hier kann man Heide-, Wasser- und Sumpflandschaften bewundern. Daneben gibt es noch einen Rosengarten und verschiedene Nutz- und Heilpflanzenbeete.

Den Botanischen Garten durchweht eine ganz besondere Atmosphäre: Seine Wege sind so verschlungen angelegt, dass sie sich prima zum Versteck- und Fangenspielen eignen, das Alpinum lädt zum Kraxeln ein und die in allen Farben des Regenbogens leuchtenden Blüten überall zum Schnuppern. Im Winter ist der Garten kostenlos nutzbar, dann wird nur für die Gewächshäuser Eintritt verlangt, in denen man jedoch in einer Sonderausstellung exotische Schmetterlinge bestaunen kann.

LAGE: Menzinger Str. 65, 80638 München, www.botmuc.de
Haltestelle: Botanischer Garten (Tram 17, Bus 143, 180)

Chinesischer Turm

ASIATISCHES FLAIR IM HERZEN VON MÜNCHEN

Eine Fernreise nach China wird bei Familien nicht unbedingt auf Platz 1 der Urlaubszielliste stehen. Aber warum auch so weit in die Ferne reisen, wenn man ein klein wenig chinesisches Flair doch direkt vor der Haustür hat? Der Chinesische Turm, ein 25 Meter hoher Holzbau, gilt als das Wahrzeichen des Englischen Gartens. Zu dessen Eröffnung im Jahr 1792 wurde der im Stil einer Pagode erbaute Turm als Aussichtsplattform für die Besucher zugänglich gemacht.

Unter der Woche kann man gut mit kleinen Kindern zum Chinesischen Turm spazieren. Ein Highlight für kleine Besucher ist hier sicherlich das historische Kinderkarussell, das schon seit über 100 Jahren am Turm seine Runden dreht – auf holzgeschnitzten Tierfiguren oder in Kutschen können Kinder bei Walzenorgelmusik rundherum fahren und Spaß haben. Nebenan befindet sich zudem unter schattigen Kastanienbäumen ein großer Spielplatz. Ein extra Spielbereich für die Allerjüngsten mit Kleinkindschaukel, Mini-Klettergerüst und Rutsche kommt ebenfalls gut an. Zudem will der Flaschenzug erkundet werden, mit dem man Kieselsteinchen auf eine Rampe hochbefördern und sie dann laut scheppernd auf ein sich drehendes Schaufelrad fallen lassen kann. Der gesamte Spielplatzbereich ist übrigens mit Kies ausgestattet. Für die Größeren gibt es ein tolles Abenteuer-Klettergerüst mit Hängebrücke und Rutsche. Also, Brotzeit auspacken, Getränke holen und dem Nachwuchs beim Spielen und Toben zusehen!

LAGE: Englischer Garten 3, 80538 München
www.muenchen.de/sehenswuerdigkeiten
Haltestelle: Chinesischer Turm (Bus 54, 58, 68, 154)

GEA

stoff
KÜCHEN
MÖBEL

Franzosenviertel Haidhausen

SAVOIR-VIVRE IM MÜNCHNER OSTEN

Bordeauxplatz, Pariser Straße, Belfort- und Orleansstraße – nicht umsonst wird der Münchner Stadtteil Haidhausen Franzosenviertel genannt. Häuserfassaden aus dem späten 19. Jahrhundert im Stil der Neurenaissance und des Neubarocks zieren die Straßen, und mitten im Stadttrubel, nur wenige Schritte vom belebten Ostbahnhof entfernt, entdeckt man eine ruhige Oase: den Bordeauxplatz. Die Grünanlage mit einer Allee aus schattenspendenden Linden lädt zum gemütlichen Verweilen ein. Es wirkt fast so, als wäre die Allee ein Tor zu einer anderen, einer paradiesischen Welt, weit weg von jeglicher Schnelllebigkeit. Mitten auf dem Bordeauxplatz findet man den 20 Meter langen »Brunnen der jagbaren Tiere« mit Fontäne: Hier kann man prima picknicken und sich dafür mit frischen Croissants, Baguette oder einem Café au lait für die Erwachsenen in umliegenden Bäckereien eindecken. In der Inneren Wiener Straße gibt es zudem eine Crêperie, die französische Crêpes und Galettes anbietet.

Zahlreiche kleine Geschäfte tragen überall im Viertel zum französischen Flair Haidhausens bei. Und für Kinder gibt es hier viele Spielplätze zu entdecken, an denen nach Herzenslust getobt werden kann. Wer es etwas ruhiger mag, kann auch im Isarpark durch die Maximiliansanlagen flanieren. Etwas südlicher davon gibt es einen Geheimtipp für heiße Tage aufzuspüren: Zwischen Prater- und Museumsinsel befindet sich im Schatten des Wehrs mit dem Steg ein Isarstrand. Auf den vorgelagerten Kieselinseln kann man abseits der Isarhauptströmung gemütlich im Wasser planschen.

LAGE: u. a. Bordeauxplatz, 80333 München
www.muenchen.de/stadtteile
Haltestellen: u. a. Ostbahnhof (S1–8, U4, U5),
Wörthstraße (Tram 15, 21)

Griechenland am Königsplatz

WO MÜNCHEN ZUM »ISAR-ATHEN« WIRD

München hat viele Beinamen, z. B. »nördlichste Stadt Italiens«, »Klein-Venedig« oder »Millionendorf«, doch dass München auch »Isar-Athen« genannt wird, wissen vielleicht nicht viele. Der Königsplatz fällt dabei als ein komplettes Klassik-Ensemble besonders ins Auge: Durch die Thronbesteigung seines Sohnes Otto wollte König Ludwig I. hier die besondere Beziehung zwischen Bayern und Griechenland deutlich machen mit Bauwerken wie den Propyläen, der Glyptothek und der staatlichen Antikensammlung.

Die in den beiden letztgenannten Gebäuden untergebrachten Antikensammlungen hören sich für Kinder nicht gerade spannend an, aber: Auf dem Königsplatz finden das ganze Jahr über viele Veranstaltungen gerade für Kinder statt. Da gibt es zum einen die Kindertage, die von der staatlichen Antikensammlung mit dem museumspädagogischen Zentrum und den Münchner Volkshochschulen organisiert werden. Und im März und November findet auf dem Königsplatz dann eine richtige Kinder-Olympiade statt (bei gutem Wetter): Steinskulpturen und Theatermasken werden kreiert, und man kann mit Spielen und an Mitmachaktionen sowie Kreativstationen ins Alltagsleben von Griechen und Römern eintauchen.

Zudem finden auf dem Platz immer wieder Konzerte und Kunstaktionen statt. Der Platz selbst lädt zum Spazieren ein, auf den großen Rasenflächen lässt sich prima Fangen spielen, und hinter der Glyptothek findet man einen schattigen Spielplatz mit großem Wasserspielbereich.

LAGE: Königsplatz, 80333 München
www.muenchen.de/sehenswuerdigkeiten
Haltestelle: Königsplatz (U2)

Venezianisches Nymphenburg

GONDELFAHREN MIT DEN BAMBINI

In München ist wahrlich viel italienisches »dolce vita« anzutreffen, man denke nur an die unzähligen Gelaterias oder an so berühmte Bauwerke wie die Theatinerkirche am Odeonsplatz, die im italienischen Barockstil errichtet wurde, oder an die Kirche Sankt Ursula im Florentiner Renaissance-Stil mit ihrem freistehenden Glockenturm, auch »Dom von Schwabing« genannt. Und Münchens »Klein-Venedig« am Auer Mühlbach an der Ecke Mond-/Voßstraße ist ein herrliches Fleckchen mit viel italienischem Flair.

Das Highlight schlechthin für »bambini piccoli« ist aber sicherlich die Fahrt mit einer echten venezianischen Gondel vor der Kulisse von Schloss Nymphenburg. Anlässlich der Jubiläumsfeierlichkeiten zum 350. Baubeginn des Schlosses im Jahr 2014 durfte die Gondolieri-Familie Koch zur Erinnerung an die alte Tradition der Gondelfahrten unter Kurfürst Max Emanuel wieder Fahrten auf dem Mittelkanal im Schlosspark vor traumhafter Kulisse anbieten. Dieses Spektakel fand so großen Anklang, dass man noch heute eine herrliche 30-minütige Fahrt in einer venezianischen Gondel mit ausgebildeten Gondolieri genießen kann. Da fühlen sich die Bambini sicher wie kleine Kurfürsten und Prinzessinnen! Unter Kurfürst Max Emanuel fuhren im 17. Jahrhundert übrigens bis zu 80 Gondeln und prunkvolle Boote über den Schlosskanal. Nach der romantischen Fahrt kann man durch eines der größten Gartenkunstwerke Deutschlands, den Nymphenburger Schlosspark, flanieren. Auch hier gibt es Plätze, die Kinder zum längeren Verweilen einladen.

LAGE: Nymphenburger Str. 26, 80335 München
www.gondel-nymphenburg.de
Haltestelle: Schloss Nymphenburg (Tram 17, Bus 51, 151)

Südostasien im Westpark

EIN HAUCH VON THAILAND, JAPAN, CHINA UND NEPAL

Der Westpark in München bietet eine ganze Menge Freizeitvergnügen für Familien mit Kindern. Angefangen beim Spielehit für den Sommer, dem Wasserspielplatz mit seinem großen Rutsch- und Kletterturm, auf dem schon die Kleinsten begeistert planschen oder Wasser anstauen, über ein Seeräuberschiff, drei Riesenrutschen und Affenschaukeln bis hin zu weiteren Themenspielplätzen.

Es gibt aber durchaus noch mehr im westlichen Teil des Parks zu entdecken. So wird mancher überrascht sein, beim Spaziergang auf einen goldenen Pavillon zu treffen, den man eher in Asien als in Bayern vermuten würde: Der offene »Sala« mit Buddha-Figur steht auf einer Plattform in einem Wasserbecken. Dieser thailändische Tempel ist nur einer der zentralen Punkte der asiatischen Gärten im Westpark. Ein paar Meter weiter thront eine nepalesische Pagode auf einem Plateau. Und nur einen Steinwurf entfernt liegt der chinesische Garten »Garten von Duft und Pracht«: Ein Rundweg, angelehnt an den Verlauf der vier Jahreszeiten, führt vorbei an Bauten, Bäumen und Wasserfällen. Im Frühling kann man blühende Kirsch- und Mandelbäume und im Herbst die leuchtende Blutpflaume bewundern. Auch Münchens Partnerstadt Sapporo hat einen Teil zum Ostasien-Ensemble beigetragen: einen japanischen Garten mit kleinen Bächen und Wasserläufen.

Einmal im Jahr findet übrigens ein Fest zu Ehren Buddhas statt, das Vesakh-Fest, das auch mit einem Kinderprogramm aufwartet: Hierbei lernen die Kleinsten durch Märchen, Bastel- und Malaktionen die Welt des Buddhismus etwas näher kennen.

LAGE: Westpark, 81377 München, www.muenchen.de/freizeit
Haltestelle: Westpark (U6)

Sauschütt Ebersberger Forst

LEHRREICHE ENTDECKERTOUR

Ein schönes Ausflugsziel im Münchner Osten ist die Hohenlinder Sauschütt im Ebersberger Forst. Bereits am Eingang des ganzjährig geöffneten Walderlebnispfads findet man einen tollen Waldspielplatz und einen Biergarten für die Eltern daneben. Dahinter beginnt der Pfad (3,5 km) um das Gehege mit Rot- und Schwarzwild, auf dem man viel über die heimische Flora und Fauna lernt. Ein Highlight für kleine Batman-Liebhaber wird der Fledermaus-Pavillon sein. Herzstück des Pfads ist aber das Wildschweingehege, in dem man im Frühjahr Frischlinge sehen kann. Hier lohnt sich die Mitnahme eines Fernglases zur besseren Beobachtung der Tiere. Ein Biotop und eine Picknickwiese laden zum Pausieren ein.

LAGE: Sauschütt 1, 85664 Hohenlinden
www.baysf.de/de/wald-erkunden
Haltestelle: SauschüttOst (Bus 4460, 445)

Walderlebniszentrum Grünwald

EIN PFAD FÜR ALLE SINNE

Der ganzjährig geöffnete, kostenfreie Walderlebnispfad ist als Rundweg (2,5 km) durch den Grünwalder Forst angelegt und lädt Kinder an interaktiven Stationen zum Experimentieren und Spielen ein (Flyer mit Übersichtskarte am Startpunkt). Bei den Stationen sollen die Sinne angeregt werden, z. B. im Klanglabyrinth oder auf dem Barfußpfad. Es gibt auch einen Ameisen-Lehrpfad, ein Insektenhaus, einen Moor-Steg und ein Wildschweingehege mit täglicher Live-Fütterung, und im Wald-Café kann man einkehren. Das ganze Jahr über werden Veranstaltungen angeboten, wie Bastelkurse, Entdeckertouren oder Führungen durchs Gelände (u. a. Mai–Okt. sonntags eine Walderlebnisführung mit dem Förster). Auch Kindergeburtstage kann man hier feiern und dann zwischen drei verschiedenen Walderlebnis-Programmen wählen.

LAGE: Sauschütt, 82031 München, www.aelf-eb.bayern.de
Haltestelle: Höllriegelskreuth (S7)

Vogelpark Olching

VÖGEL AUS ALLER WELT HAUTNAH ERLEBEN

Etwa 20 Kilometer westlich von München, direkt an den Amperauen, liegt ein kleines Vogelparadies. Auf einer naturbelassenen Fläche von ca. 20 000 Quadratmetern können Kinder von April bis Oktober zahlreiche heimische und bekannte, aber auch exotische Vogelarten entdecken. Der Park ist nach den Erdteilen, in denen die Vögel beheimatet sind, unterteilt. So finden die Kinder im europäischen Bereich Stare, Meisen, Spechte, Enten, Möwen, aber auch Turmfalken und Schneeeulen. In den anderen Erdteilen können sich Kinder auf die Suche nach fremden und so kunterbunten Vogelarten machen wie Pfirsichköpfchen, Prachtrosella oder Diamantentäubchen. Auch Nandus, Tigerfinken und zahlreiche Papageienarten tummeln sich in den bepflanzten Volieren, Pavillons oder Freigehegen.

Über 600 verschiedene Vogelarten aus der ganzen Welt können Familien im Vogelpark Olching bewundern; auf zahlreichen Infotafeln erfährt man viel Lehrreiches über Verbreitung und Besonderheiten der jeweiligen Art. Auch ein kleiner Spielplatz und ein Biergarten laden zum Verweilen ein.

Der hintere Teil des Vogelparks ist ein dichter Auwald und dient als Rückzugsort für zahlreiche Wildvögel – dieser Teil ist für die Öffentlichkeit selbstverständlich nicht zugänglich, kann aber durchaus eingesehen werden. Zudem besitzt der Park eine Aufzuchtstation, in der Vogelküken von Hand aufgepäppelt werden, die später wieder ausgewildert werden. Der Vogelpark Olching, seit fast 40 Jahren für Besucher geöffnet, ist übrigens eine gemeinnützige Institution und wird von ehrenamtlichen Mitarbeitern betrieben und gepflegt. Bei Interesse kann man auch eine Patenschaft für einen oder mehrere Vögel übernehmen.

LAGE: Toni-März-Str. 1, 82140 Olching
www.vogelpark-olching.de
Haltestelle: Olching (S3)

Wildpark Forstenried

DURCH DAS JAGDGEBIET BAYERISCHER HERZÖGE

Viele Jahrhunderte lang war der Forstenrieder Park ein königliches Jagdrevier bayerischer Herzöge, Kurfürsten und Könige. Heute ist der Park an der Stadtgrenze von München ein Naherholungsgebiet für alle sowie ein Wald-Ökosystem für Rot-, Schwarz- und Damwild. Knapp 100 Wildschweine, etwa 40 Rehe und um die 100 Hirsche leben hier in einem eingezäunten Waldgebiet. Auch viele andere einheimische Tierarten wie Füchse, Hasen, Iltisse und Dachse sind im Wildpark beheimatet. Im Areal wurden entlang historischer Eichenalleen mehrere überdachte Beobachtungspunkte eingerichtet, von denen aus man ungestört die Tiere beobachten darf. Im Park wurden zwei spezielle Wildruhezonen für die Tiere eingerichtet, sodass diese in Ruhe äsen können. Mit seinen fast 20 Quadratkilometern ist das Gelände sehr groß, und es wird nicht so leicht sein, die scheuen Tiere zu entdecken – daher lohnt es sich, ein Fernglas mitzunehmen. Gute Beobachtungszeitpunkte sind der frühe Morgen bzw. die Dämmerung am frühen Abend, wenn nicht so viele Besucher im Wildpark unterwegs sind.

Das Schöne am Forstenrieder Park ist das mit seinen 43 Kilometern recht lange Wegenetz im weit verzweigten Areal, auf dem sich die Besucher glücklicherweise gut verteilen. Die Wege sind zum größten Teil geteert, sodass Familien mit Kinderwagen und/oder (Lauf-)Rad problemlos dort spazieren gehen bzw. fahren können. In den Wintermonaten gibt es Schaufütterungen von Rot- und Damwild.

Verbinden kann man den Ausflug durch den Forstenrieder Wildpark mit einem Besuch im Forsthaus Kasten, das neben dem Biergarten für die Großen auch einen Abenteuerspielplatz und ein kleines Streichelgehege zu bieten hat.

LAGE: Ludwig-Geräumt, 82061 Forstenrieder Park
www.baysf.de/de/wald-erkunden; www.forst-kasten.de
Haltestelle: Buchenhain (S7)

Wildpark Poing

NATUR- UND SPIELEPARADIES

Bereits seit über 60 Jahren begeistert der Wildpark Poing im Osten von München Groß und Klein. Ganzjährig bietet der mehrfach ausgezeichnete Park die Möglichkeit, einheimische Tierarten aus nächster Nähe zu beobachten. Auf einem vier Kilometer langen Rundweg kann man die Tiere in ihrer natürlichen Umgebung antreffen und so einem freilaufenden Damhirsch einmal ganz nahekommen. Schafe, Ziegen, Ponys: Viele Tiere lassen sich streicheln und mit der an der Kasse erworbenen Spezialnahrung füttern. Der Weg führt vorbei an Luchs, Wolf und zahlreichen Vogelvolieren. Seit knapp 15 Jahren lebt auch eine Braunbärin mit ihrer Nachkommenschaft in einem großzügigen Freigehege.

Was man auf keinen Fall verpassen sollte, ist eine der Greifvogel-Vorführungen, die täglich um 11 und um 15 Uhr stattfinden. Das Besondere an den Poinger Greifvögeln: Sie dürfen frei fliegen. Falken, Adler und Eulen haben tatsächlich die Chance, sich in die freie Natur, weg vom emsigen Betrieb im Park, zurückzuziehen. Aber zur Show werden sie mit Futter zurückgelockt und zeigen dann den staunenden Gästen ihre Flugkünste: wie sie ihre Runden direkt über den Köpfen drehen und gelegentlich sogar mit ihren Schwingen darüberstreichen.

Nach einem Spaziergang durch den Wildpark laden der Spielplatz mit Picknickwiese und ein Kiosk mit Sitzgelegenheiten zum Spielen oder Verschnaufen ein. Auf dem riesigen Spielplatzgelände ist für jedes Alter etwas geboten – es gibt ein Piratenschiff, Erlebnisrutschen, einen riesigen Sandkasten, eine Westernstadt, viele Möglichkeiten zum Klettern und einen Bewegungsparcours, der Konzentration, Koordination und Balance erfordert. Ganz neu und beliebt ist der saurierstarke Wasserspielplatz – Eltern sind gut beraten, Wechselklamotten für die kleinen Planscher einzupacken.

LAGE: Wildparkstr. 32, 85586 Poing, www.wildpark-poing.de
Haltestelle: Poing (S2)

Tierpark Hellabrunn

MÜNCHNER INSTITUTION MIT VIEL HERZ

Den 1911 gegründeten Tierpark Hellabrunn darf man sich auf keinen Fall entgehen lassen! 1986 wurde der Zoo zum Geozoo, damals der erste dieser Art weltweit, umkonzipiert. Das bedeutet, dass die Tiere nach ihrer geologischen Herkunft zusammen gezeigt oder sogar auf großen Freiflächen gemeinschaftlich gehalten werden – da macht es Sinn, dass der Zoo nach Kontinenten gegliedert ist.

Auf seiner 40 Hektar großen Fläche kann man den Tieren recht große Freigelände bieten, die durch zahlreiche Fußwege gut einsehbar sind. Wasserläufe und -gräben als natürliche Barrieren ermöglichen den Besuchern ebenso immer wieder einen freien Blick auf die tierischen Bewohner. Eines der Wahrzeichen des Tierparks Hellabrunn ist die Großvoliere, deren Fläche (5000 m^2) von einem 18 Meter hohen dünnmaschigen Edelstahlgewebe überspannt wird. Die dort gehaltenen Tiere können frei umherfliegen und von den Besuchern dabei beobachtet werden. Hier wurde beim Bau im Übrigen die Zeltdachkonstruktion des Olympiageländes aufgegriffen.

Neben vielen sehenswerten Gehegen, dem neuen Elefantenhaus, der Giraffensavanne, der Polarwelt oder der Fledermausgrotte wird gerade für Kinder einiges geboten: Es gibt mehrere Spielplätze und Fahrgeschäfte, einen großen Streichelzoobereich und für die Abenteuerlustigen eine riesige Hängebrücke über den Auer Mühlbach. Spezielle Vorführungen, wie etwa wie die Fütterung der Seelöwen oder Greifvogelschauen, Nachtführungen, Schulklassenbesuche oder die Feier von Kindergeburtstagen runden das tolle Angebot des Tierparks perfekt ab.

LAGE: Tierparkstr. 30, 81543 München, www.hellabrunn.de
Haltestellen: Thalkirchen-Tierpark (U3),
Tierpark-Alemannenstraße (Bus 52)

SEA LIFE Aquarium

ABTAUCHEN, OHNE NASS ZU WERDEN

Das Münchner SEA LIFE mit insgesamt über 30 Becken und 3000 Wasserbewohnern aus 150 Fluss- und Meeresarten orientiert sich am Konzept »Vom Nahen zum Fernen«. So können junge Gäste zunächst die heimischen Fischarten aus Isar und Donau sowie vom Donaudelta bis zum Schwarzen Meer beobachten. Dann geht es in den Quallen-Bereich mit seiner Artenvielfalt. In der spannenden Korallenhöhle fallen den Kindern sicherlich sofort die »Nemos«, die Clownfische, auf.

Vorbei am Seepferdchen-Bereich kommt man zu einem Schiffswrack, das es zu erkunden gilt; faszinierende Tiefseebewohner haben hier ihren Platz gefunden. Im Bereich des Tropischen Ozeans gibt es dann garantiert kein Halten mehr, denn dort schwimmen gefährliche Meeresbewohner umher, die Kinder sehr faszinieren: Haie. Deutschlandweit gibt es im Münchner SEA LIFE die größte Vielfalt an Haien zu bewundern.

Weiteres Highlight ist der Unterwassertunnel: Umgeben von einem riesigen Aquarium passiert man eine Glasröhre und hat dabei das Gefühl, direkt durch diese einzigartige Meereswelt zu spazieren und dabei »Gonzales«, Bayerns einziger grüner Meeresschildkröte, ganz nahe zu sein.

Ganz mutige Besucher können die Unterwasserwelt im Berührungsbecken, natürlich unter Beobachtung der Meeresbiologen, selbst erleben: Wie fühlt sich ein Seestern an, und wer traut sich, eine Krabbe oder einen Krebs auf die Hand zu nehmen? Auch bei Fütterungen können die Besucher live dabei sein.

LAGE: Willy-Daume-Platz 1, 80809 München
www.visitsealife.com/muenchen
Haltestelle: Olympiazentrum (U3)

Reitsberger Hof

PARADIESISCHER ERLEBNISBAUERNHOF

Ein wunderbares Ausflugsziel ist der Reitsberger Hof, ein zertifizierter Erlebnisbauernhof in Vaterstetten, bietet er doch vieles, was das Kinderherz begehrt: u. a. Tiere streicheln, Spielgeräte ausprobieren, Ställe besuchen. Der Hof verfolgt das Konzept der »Offenen Stalltür«: Man darf sich auf dem gesamten Gelände frei bewegen, die Tiere ansehen und auch einen Blick hinter die Kulissen bzw. auf die Wirtschaftsweise eines Bauernhofs werfen. Gänse, Esel, Ziegen, Laufenten, Hühner, Kühe, Schafe, Maultiere, Pferde, Ponys … all diese Haus- und Nutztiere sowie deren Lebensräume können die Kleinsten hier kennen lernen.

Ein besonderes Highlight sind die Ponys, die natürlich gestreichelt werden dürfen. Freitags und am Wochenende bietet das Team des Reitsberger Erlebnisbauernhofs Ponyreiten für 2 Euro die Runde an – ein Traum für kleine Reiter und Reiterinnen! Aber auch im Stall gibt es jede Menge zu erkunden: Echte Ponys und etwas pflegeleichtere Holzpferde laden dort zum Verweilen ein. Auf dem Gelände gibt es zudem einen kleinen Spielplatz sowie eine Strohhüpfburg, die zum Toben animieren. Im benachbarten Biergarten der kleinen Wirtschaft »Zur Landlust« haben Erwachsene ihren spielenden Nachwuchs dabei bestens im Blick und können ihre Brotzeit in Ruhe genießen. Anschließend kann man sich im Hofladen oder mit einer Kartoffelkiste sowie am Eier-Automat mit regionalen, hofproduzierten Erzeugnissen für zu Hause eindecken.

Empfehlenswert ist dieser Ausflug zum Reitsberger Hof natürlich auch bei unbeständigem Wetter – einfach in Matschhose und Gummistiefel steigen und losplanschen! Und fällt ein Kindergeburtstag an: Auf dem Erlebnishof darf gefeiert werden, inklusive einer Hofführung, einer Fahrt mit dem Traktor und einem kurzen Ausritt auf den Ponys.

LAGE: Baldhamer Str. 99, 85591 Vaterstetten
https://reitsberger-hof.de
Haltestelle: Vaterstetten (S6)

DIESEL
EBE
E 487

hier nur Ausgang

Rupert-Stöckl-Platz

Auer Dult

NOSTALGISCHER JAHRMARKT MIT KARUSSELLSPASS

Die Auer Dult ist im besten Sinne eine Dult, also ein Jahrmarkt mit Volksfestcharakter – sie verbindet ihren Verkaufsmarkt mit einem kleinen Kirmesbereich rund um die Mariahilfkirche in der Au. Die Auer Dult findet dreimal jährlich statt: Am Samstag vor dem 1. Mai gibt es die Maidult, dann folgt am Samstag nach Jakobi (25. Juli) die Jakobidult und abschließend die Kirchweihdult am Samstag vor dem Kirchweihsonntag (3. Sonntag im Oktober). An den jeweils neun Tagen einer Dult kann man gemütlich über den nördlichen Teil des Mariahilfplatzes schlendern, die Waren der Kunsthandwerker und Händler begutachten und über die Vielfalt des Angebots staunen. Hier gibt es von der Abriss-Hilfe für Küchenrollen bis zur Zitronenpresse wirklich alles, was man für die Küche braucht – da verwundert es nicht, dass die Auer Dult als größter Geschirrmarkt Europas gilt. Es gibt aber auch noch vieles mehr, z. B. Kleider- und Trachtenstände, Töpfer bieten ihre Keramikwaren an und Imker ihren Honig.

Auf der Westseite des Platzes findet man verschiedene kulinarische Stände, wo man Hunger und Durst stillen kann, ehe man im südlichen Teil des Markts das Volksfest besucht: Vom Kettenkarussell über ein kleines Riesenrad bis zum Kasperltheater wird viel vergnüglicher Zeitvertreib geboten. Auch ein mobiler Stand des Hofphotographen (s. Kapitel 81) steht hier, wo man zum Abschluss noch wunderbar ein Bild von sich und der Dult mit nach Hause nehmen kann.

Die Auer Dult hat sich ein nostalgisches Flair im Volksfestbereich bewahrt, was besonders Kindern viel Freude macht. Hier verbringt man gern einen ganzen Tag, ohne dass es langweilig würde. Zudem ist die Dult mit öffentlichen Nahverkehrsmitteln bestens zu erreichen.

LAGE: Mariahilfplatz, 81541 München
www.muenchen.de/veranstaltungen
Haltestelle: Mariahilfplatz (Bus 52)

51

Tollwood Sommerfestival

UNVERGESSLICHES SOMMERGLÜCK

Das Tollwood Sommerfestival im Juni/Juli wird im Münchner Olympiapark gefeiert – ein Fest der Gaukler im modernen Sinn mit u. a. alternativen Zirkus-Aufführungen und vielen lokal, regional sowie international tätigen Künstlern und Bands mit großem Theater- und Performanceprogramm. Auf dem »Markt der Ideen« bieten gut 200 Kunsthandwerker und Händler ihre Waren und Preziosen feil, und rund 50 Imbissstände, von vegan bis hin zum Burger (alles in Bio-Qualität), lassen keinen Besucher hungrig zurück. Für Kinder und Jugendliche ist das gesamte Programm kostenfrei. Im Kinderzelt dürfen die Kleinen basteln, forschen und spannenden Geschichten lauschen. Zudem wird auch für Kinder ein umfangreiches Musikprogramm geboten, das sie mit den Eltern (ab 14 Jahre auch allein) im Musikzelt besuchen können.

LAGE: Olympiapark Süd, 80809 München
www.tollwood.de
Haltestelle: Olympiaberg (Bus 144)

Tollwood Winterfestival

KUNTERBUNTES, LICHTERFROHES ZELTTREIBEN

Das Winter-Tollwood findet auf der Theresienwiese statt und startet kurz vor dem ersten Adventssonntag. Auch hier gibt es einen »Markt der Ideen« mit tollen Inspirationen für individuelle Weihnachtsgeschenke. Kinder werden sich u. a. an der »Feenstaub-Bar« erfreuen, wo man sich mit Glitzer bepinseln kann. Künstler, Kabarettisten und Theatercompagnien geben sich im Veranstaltungszelt die Klinke in die Hand, und im Gastronomiezelt werden internationale Köstlichkeiten in Bio-Qualität angeboten. Ein alternativer Weihnachtsmarkt bietet daneben Außergewöhnliches. Im Kinderzelt gibt's viele kostenlose Veranstaltungen, Workshops und Vorlesestunden. Ein großer leuchtender Weihnachtsbaum der etwas anderen Art, z. B. als »Fahrräder-Baum«, erwartet die Besucher am Eingang – kunterbunt und farbenfroh!

LAGE: Theresienwiese, 80336 München
Öffnungszeiten: genaue Termine unter www.tollwood.de
Haltestelle: Theresienwiese (U4, U5)

Hofflohmärkte in München

TRÖDELFIEBER IM HINTERHAUS

In den Sommermonaten werden in vielen Münchner Stadtteilen (u. a. Nymphenburg, Haidhausen, Schwabing, Giesing) an den Wochenenden Hofflohmärkte veranstaltet. Oft verwandeln sich dabei ganze Wohnviertel in einen riesigen Flohmarkt-Spielplatz, der erkundet werden will. Hausbewohner misten ihre Keller oder Dachböden aus und verkaufen auf Tapeziertischen im eigenen Hinterhof oder direkt vor der Haustür ihre alten Schätze, Antiquitäten bzw. Dinge, die sie nicht mehr benötigen. Schnäppchen oder etwas, das man schon lange gesucht hat, finden sich hier bestimmt.

Der besondere Charme der Hofflohmärkte liegt aber in ihrem nachbarschaftlichen und kommunikativen Charakter. Gewerbliche Verkäufer bzw. Händler sind hier übrigens nicht erlaubt.

Zu erkennen sind Hofflohmärkte meist an Luftballons oder bunt bemalten Plakaten an den Eingangsbereichen der Höfe. Gemütlich kann man durch die vielen Hinterhöfe schlendern und durch das Warenangebot stöbern. Schöner Nebeneffekt: Man lernt dabei die einzelnen Stadtviertel einmal aus einer ganz anderen Perspektive kennen und kommt oft aus dem Staunen gar nicht heraus, welch schöne Gärten und Höfe sich überall verstecken. Wann hat man schließlich schon einmal die Möglichkeit, einen Blick in die sonst verschlossenen Hinterhöfe zu werfen? Wann die einzelnen Hofflohmärkte stattfinden, kann man auf der eigens dafür erstellten Homepage einsehen.

LAGE: verschiedene Münchner Viertel
www.hofflohmaerkte-muenchen.de
Haltestellen: je nach Veranstaltungsort

FLEUROP
STA YQ 716

Flohmarkt »Der kleine Münchner«

GESTALTET VON KINDERN UND FÜR KINDER

Einmal im Jahr dürfen Kinder und Jugendliche im Alter von 7–14 Jahren selbst einmal Standlverkäufer sein: auf einem der schönsten Kinderflohmärkte in München am Forum der Münchner Freiheit (bestens mit ÖPNV zu erreichen), veranstaltet durch das Kinder- und Jugendmuseum. Hier sind die Kinder die Stars und Verkäufer, die selbst darüber bestimmen, was sie verkaufen oder wie viel sie für das Spielzeugauto oder den Comic verlangen wollen. Gehandelt werden darf mit allem, was die Kinderwelt betrifft: Spielsachen, Büchern, Gesellschaftsspielen, CDs o. Ä., allerdings dürfen es keine Neuwaren sein.

Das Besondere am Kinderflohmarkt: Die Kleinen lernen ganz spielerisch den Umgang mit Geld und das Prinzip Kaufen/Verkaufen bzw. Tauschen/Handeln kennen. Und auch, dass sie sorgfältig und umsichtig mit ihren Spielsachen umgehen müssen, wollen sie diese noch verkaufen. Die Spielregeln des Kinderflohmarkts sind ganz einfach: Am Tag des Events können die kleinen Standbetreiber ab 7.30 Uhr ihren Tisch, natürlich gern mit Unterstützung der Eltern, aufbauen. Eine Stunde später erfolgt dann die Anmeldung am Pavillon durch die kleinen Verkäufer selbst. Und dann geht es auch schon los: das Stöbern, Handeln, Anpreisen, Tauschen, Feilschen, Verkaufen und Kaufen. Die Teilnahme am Kinderflohmarkt (der immer bis 14 Uhr dauert) ist übrigens kostenlos.

Eltern, Großeltern und auch Kinder haben hier die Gelegenheit, ausschließlich an Ständen mit Kindersachen zu stöbern – und wer weiß, vielleicht findet man ausgerechnet hier das Buch, das man früher als Kind so gern gelesen hat? Oder das Auto, das das Kind schon so lange sucht?

LAGE: Leopoldstraße, 80802 München
www.kindermuseum-muenchen.de
Haltestelle: Renatastraße (Tram 12)

55

Märchenbazar am Leonrodplatz

DER ETWAS ANDERE WEIHNACHTSMARKT

Bunte Zirkuszelte, weihnachtlich geschmückte Stände und leuchtende Kinderaugen – der Märchenbazar am Leonrodplatz lädt zum Träumen ein und ist eine echte Alternative zu »normalen« Weihnachtsmärkten. Auf der Suche nach etwas ausgefalleneren Geschenkideen und echter Handwerkskunst ist man hier genau richtig. Bunt ist auch das kulinarische Angebot: Von Falafel bis zur klassischen Bratwurst findet jeder etwas nach seinem Geschmack. Kinder dürfen hier basteln, filzen, Kerzen ziehen und Seifen herstellen, und jeden Tag gibt's um 17 Uhr eine Märchenstunde (30 Min.). Ein Kasperletheater begeistert die Jüngsten an Sonntagen, und auch das Kinderschminken fehlt nicht. Dazu finden Kreativ-Workshops statt, und das Märchenzelt bietet täglich wechselnde Programme mit Live-Musik.

LAGE: Leonrodplatz, 80637 München
www.maerchenbazar.de
Haltestelle: Leonrodplatz (Tram 12, 20, 21, Bus 53)

56

Weihnachtsdorf im Kaiserhof

TRADITIONELLE HANDWERKSKUNST

Im Kaiserhof der Münchner Residenz entsteht jedes Jahr ein uriges Weihnachtsdorf mit Alpenhütten wie aus vergangenen Zeiten. Tradition wird hier großgeschrieben. Man findet keinen Kitsch, sondern von klassischer Schnitzkunst über Glas- und Krippenfiguren bis hin zu gefilzten Kuscheltieren viel Handwerkliches. Im stimmungsvollen Ambiente kann man zudem Holzschnitzer, Messerschleifer, Goldschmiede oder Glasbläser bei der Arbeit beobachten. Und bei weihnachtlicher Live-Musik genießt man ein reichhaltiges kulinarisches Angebot vom Glühwein über Reiberdatschi bis hin zu Rahmfleckerln. Für die Kleinen gibt's einen Märchenwald mit sprechenden Puppen, ein Kasperltheater, und auch der Nikolaus schaut mit Rentiergespann vorbei. Mit kleinen Kindern besucht man den Markt am besten am frühen Nachmittag.

LAGE: Residenzstr. 1, 80333 München
www.dasweihnachtsdorf.de
Haltestelle: Odeonsplatz (U3, U6)

Umsonst & draußen

SOMMER IN DER STADT

Der Papa bekommt keinen Urlaub in den Sommerferien, und so verbringt man diese eben zu Hause … Das ist aber in München mit seinen vielfältigen Angeboten gar kein Problem: Im Olympiapark Süd, auf dem Tollwood-Gelände, findet in der Sommerzeit beim Lilalu-Ferienprogramm das »Umsonst & draußen« statt, und zwar nachmittags von 15–19.30 Uhr und an den Wochenenden bereits ab 11 Uhr. Zahlreiche Beschäftigungs- und Spielmöglichkeiten werden dabei angeboten, sei es das Riesentrampolin, die Hüpfburg, der Sandkasten oder die Abkühlung auf der Wasserrutsche. Auch Sportliches steht auf dem Programm, und in der Beach-Area kann neben Soccer auch Volleyball gespielt werden. Daneben gibt es ein Kreativ-Zelt, in dem kleine Künstler unter Anleitung malen, zeichnen, werken und basteln können. Wechselnde Angebote sorgen hierbei für Abwechslung. Ein kleines Kinderkarussell, ein Kinderkino sowie die tägliche Kasperltheater-Aufführung vervollständigen das vielfältige Ferienerlebnis.

Weitere Highlights sind verschiedene Schnupper-Workshops (sowohl für Kinder als auch für deren Eltern), in denen z. B. die Technik der Jonglage oder das Balancieren über die Slackline trainiert werden kann. Zudem werden Fackelwanderungen angeboten, und es gibt sogar einen Kinder-Verkehrsparcours mit kleinen Fahrzeugen. Und für die Erwachsenen sorgt ein Biergarten mit Live-Musik für Stimmung, mit traditionell bayerischen, aber auch internationalen Gerichten – da lässt sich der laue Sommerabend genießen!

Der Eintritt ist frei, lediglich für einzelne Angebote wie das Kasperltheater oder den Verkehrsparcours wird ein kleiner Beitrag verlangt.

LAGE: Olympiapark Süd, 80809 München
www.muenchen.de/veranstaltungen
Haltestelle: Olympiazentrum (U3)

boulderwelt

Boulderwelt München Ost

TRENDSPORTART FÜR GROSS UND KLEIN

Das Tolle am Bouldern: Man kann sofort losklettern. Diese Sportart entwickelte sich aus der Bewegung heraus, die kleine Kinder instinktiv schon immer machen, wenn sie einen Felsen sehen: Sie klettern darauf. Beim (Hallen-)Bouldern gibt's zwar keine Felsen, aber niedrige Wände mit definierten Griffen und weichen Auffang-Matten darunter. Dabei ist es nicht unbedingt ein Einzelsport, denn wenn jemand zusieht und »spottet« (also den Kletternden im Falle eines Sturzes absichert) und die Griffe ansagt bzw. aufzeigt, klettert es sich schon leichter.

Da diese Sportart immer beliebter wird, sind zu den arrivierten Kletterhallen des DAV in Thalkirchen, Gilching, Freimann und Bad Tölz (in denen teilweise schon seit 1988 Klettersport ermöglicht wird und die auch größere Boulder-Bereiche bieten) mittlerweile die Hallen des Anbieters Boulderwelt in Brunnthal, Aubing und hinter dem Ostbahnhof hinzugekommen. Teilweise gibt es hier spezielle Kleinkinder-Bereiche, in denen Kinder ab 3 Jahren erste Kletterversuche wagen können. Ab 6 Jahren sind alle Kinder in den eigens für sie angelegten Boulder-Bereichen innerhalb der Hallen willkommen und können sich hier ohne Gurt und Seil austoben. Da Bouldern nur bis in maximal drei Meter Höhe betrieben wird und die Hallen mit Matten ausgelegt sind, kann hier relativ wenig passieren. In allen Boulderwelten werden zudem Kurse für Kinder ab 6 Jahren (und natürlich auch für ältere Semester) angeboten, bei denen man von den Coaches viele Tipps zu Bewegungsablauf und Grifffolge bekommt.

LAGE: Hanne-Hiob-Str. 4, 81671 München
www.boulderwelt-muenchen-ost.de
Haltestelle: Ostbahnhof (S1–8, U4, U5, Busse und Trambahnen)

Kletterwald Vaterstetten

KLEINE HIMMELSSTÜRMER EROBERN DEN WALD

Im Kletterwald Vaterstetten kann man sich an 13 Routen unterschiedlicher Schwierigkeitsgrade und Kletterhöhen versuchen. Es gibt drei niedrige Einsteigertouren mit den schönen Namen »Indianerweg«, »Schmugglerpfad« und »Adlerhorst«, die für Kinder ab 3 Jahren mit elterlicher Unterstützung problemlos zu schaffen sind. Ältere versuchen sich an der Fährtensuche oder bereits an dem Parcours für Fortgeschrittene. Die Routen sind alle gut beschildert. Für besonderen Nervenkitzel sorgt der »Kilimandscharo«, der aus mehreren Flying-Foxes besteht. Beim »Matterhorn«-Parcours ist Teamarbeit gefragt, und für die Großen gibt's schwierigere Parcours, wie z. B. den »Mount Everest«, bei dem viel Armschmalz vonnöten ist. Erholungsmöglichkeiten und Verköstigung bietet die Fateralm.

LAGE: Ottendichler Str. 1, 85591 Vaterstetten
www.muenchner-wald.de
Haltestelle: Vaterstetten (S6)

AirHop München

HIER WIRD GEHOPST UND GEPURZELT!

Auf dem über 3400 Quadratmeter großen AirHop-Gelände kann man sich in vielen unterschiedlichen Sprungwelten austoben, z. B. am Trampolinfeld mit 70 Hüpfgelegenheiten und Foam-Pits, die auch waghalsigere Manöver gefahrlos ermöglichen und Bauchplatscher zum wolkenweichen Schaumstoffvergnügen machen. Im Dodgeball-Feld kann man Völkerball spielen oder sich bei den Slam-Dunk-Bahnen wie auf dem Basketballfeld fühlen. Oder man versucht beim Fischerstechen auf dem Balken bzw. beim Wipe-Out (Luftkissenfeld mit rotierenden Stäben) auf seinem Platz zu bleiben. Alles, was man für diesen Spaß braucht, ist ein gebuchtes Sprung-Zeitfenster sowie spezielle AirHop-Anti-Rutschsocken (gibt's vor Ort), dann kann man eine Stunde lang hopsen und purzeln, wie es einem gefällt.

LAGE: Ingolstädter Str. 172, 80939 München
www.airhop-muenchen.de
Haltestelle: Harthof (U2)

MAXX 3D Blacklight-Golf

RIESIGER FUNPARK IM OSTEN DER STADT

In der MAXX Arena in Heimstetten gibt es neben einem großen Trampolinpark mit Ninja-Parcours auch eine Kletterarena mit automatischen Sicherungssystemen und einen Gaming-Room mit vielen Automaten und Spielgeräten. Daneben kann ein Inflate-Labyrinth (Luftkissenpark) erkundet werden. Der Renner ist jedoch das 3D-Minigolfen: Hier spielt man sich mit 3D-Brillen in verschiedenen Motto-Räumen an 16 Bahnen durch verschiedene Welten. Das Schwarzlicht, die knalligen Farben und die spezielle Bemalung der Räume versetzen einen dabei z. B. in eine Unterwasserwelt oder ins Weltall. Die MAXX Arena ist auf jeden Fall ein Ausflugsziel für mehrere Tage. Hier lassen sich auch Kindergeburtstage feiern, und die Kleinen dürfen sich dabei in dieser manchmal schreiend bunten Welt so richtig austoben.

LAGE: Hürderstr. 4, 85551 Kirchheim bei München
www.maxxarena.com
Haltestelle: Heimstetten (S2)

Soccergolf in Zorneding

WO DIE KLEINEN ZU PROFIS WERDEN

Die liebevoll gestaltete und sehr gepflegte Soccergolf-Anlage in Zorneding ist eine Attraktion für die ganze Familie: Ähnlich wie beim (Mini-) Golf bespielt man hier in einer Kombi aus Fußball und Golf 18 größenangepasste Bahnen. Dabei muss der Fußball über den Parcours in ein Loch befördert werden, und das mit möglichst wenigen Kicks und über natürliche Hindernisse wie Steinmauern, Röhren, Baumstämme, Wurzeln o. Ä. Was einfach klingt, hat es doch manchmal in sich, und ein Quäntchen Glück gehört auch dazu. Mit ein bisschen Übung kann hier aber jeder mitspielen und die knapp zwei Stunden Bewegung an der frischen Luft genießen. Ausrüstung braucht man keine – Turn- bzw. Straßenschuhe genügen, Fußbälle gibt's vor Ort zu leihen, und für Getränke ist ebenfalls gesorgt.

LAGE: Hermann-Haage-Weg 3, 85604 Zorneding
www.soccergolf-muenchen.de
Haltestelle: Zorneding (S6)

Stadtpark Erding

SPIELPLÄTZE UND EIN KOSTENLOSES TIERGEHEGE

Zugegeben, der Erdinger Stadtpark liegt eine knappe Dreiviertelstunde Autofahrt von München entfernt, aber dieser Ausflug lohnt sich dennoch immer. Gleich zwei tolle Spielplätze sowie ein schönes Tiergehege hat der kostenfreie Stadtpark zu bieten. Rund um die riesige hölzerne »Herzogburg Aerding« wurde ein etwa 20 Zentimeter tiefer Wassergraben angelegt – die Kletterburg ist also nur über mehrere Brücken und Kletteranlagen zu erreichen und bietet damit für kleine Ritter und Burgfräuleins eine wunderbare Spielemöglichkeit. Eine große Matschanlage, die zum Planschen und Pritscheln einlädt, und einige Wasserpumpen sorgen für Action. Auch eine große hölzerne Spielpferdekutsche für Reitfreunde und Holzfässer zum Durchklettern locken die Kids, und ein Schaukel-Areal mit einer schnellen Rutsche komplettiert das Angebot.

Direkt neben dem Wasserspielplatz gibt es ein kleines Tiergehege mit Hasen, Meerschweinchen, Hühnern und Ziegen, die sich über Streicheleinheiten freuen. Neben dem Tiergehege findet man mehrere Vogel-Volieren, in denen die Kids Wellensittiche, Kanarienvögel und Papageien beobachten können.

Im Zentrum des Parks liegt der Keltenspielplatz, der mit seinen im Kreis angelegten Holzhäuschen von Weitem wie eine Siedlung aussieht. Auch hier gibt es eine kleine »Mutprobe« zu bewältigen: die Rutsche mit Steilkurve. Erwachsene können sich übrigens ebenfalls »austoben«, nämlich im Sportbereich an zahlreichen neuen Fitness-Geräten.

LAGE: Am Stadtpark, 85435 Erding
www.erding.de
Haltestelle: Erding (S2)

MAYSER HÜTE
MAYSER HÜTE
GALERIA
KAUFHOF
AUSGANG

»Eiszauber« am Stachus

WINTERWUNDERLAND FÜR EISTÄNZER

Der Stachus bzw. der Karlsplatz, wie sein offizieller Name lautet, lag bis vor nicht allzu langer Zeit noch vor den Stadtmauern Münchens, und hier gab es auch tatsächlich einmal einen Wassergraben. Aber dieser Bereich um die Stadtmauer herum wurde im Lauf der Zeit aufgeschüttet, und es entwickelte sich der heute stark befahrene Altstadtring. Als 1972 die Olympischen Spiele in München gastierten, entstand das Stachusbauwerk, das größte Untergrundbauwerk Europas und Kreuzungspunkt zahlreicher U-, S- und Trambahnen. Die dazugehörige riesige unterirdische Einkaufszeile zieht sich fast komplett unterhalb des Hauptbahnhofs entlang zum Stachus und bis hinüber zum Marienplatz. Während der Untergrund so ausgebaut wurde, halbierte man den oberen Platz und legte die eine Hälfte als Fußgängerzone mit einem großen Brunnen an und überließ die andere Hälfte dem Autoverkehr.

In der Vorweihnachtszeit, wenn sich Münchens Fußgängerzone in ein strahlendes Lichtermeer verwandelt, werden die hiesigen Brunnen winterfest gemacht und zumeist abgedeckt – bis auf den Stachus-Brunnen: Hier entsteht dann eine Eisbahn mit einem kleinen angeschlossenen Weihnachtsmarkt. Mitten in der Innenstadt kann man so für einen kleinen Obolus ganz zauberhaft übers Eis gleiten – und schon manches Date wurde auf dieser Eisfläche einem glücklichen Ende zugeführt. Aber nicht nur für Teenies ist der »Eiszauber« etwas, denn am frühen Nachmittag können hier auch die Kleinen nach Herzenslust übers Eis toben.

LAGE: Karlsplatz 1, 80335 München
www.muenchnereiszauber.de
Haltestelle: Karlsplatz-Stachus (U4, U5, S1–8, versch. Tramlinien)

Wasserspielplatz im Westpark

PRITSCHELSPASS UND MATSCHELUST

Am Beispiel des Westparks kann man die rasante Entwicklung, die München seit den Olympischen Spielen 1972 genommen hat, sehr gut nachvollziehen. Der Park, der so organisch im Münchner Südwesten angelegt und von der Stadtbebauung komplett umschlossen ist, war Anfang der 1970er-Jahre eine baumlose, kahle Brachlandfläche mit einer aufgelassenen Kiesgrube und lag noch vor den Toren Münchens. Heute wird der Park zwar von der Stadt umschlossen, ist jedoch durch seine vorausschauende Planung immer noch ein grüner Ruhepol, da er als Tal angelegt vor dem Lärm der Großstadt geschützt ist. Da München von zahlreichen Bächen durchzogen wird, konnten im östlichen Teil des Westparks mehrere Wasserläufe nachmodelliert werden, die im Mollsee enden. (Dieser See ist im Übrigen für Modellbau-Fans sehr interessant, da er einen eigenen Kai zum Wassern von Modellbauschiffen besitzt.)

Hier war es naheliegend, zudem einen Wasserspielplatz anzulegen, der in seiner Größe und seiner Vielfalt einzigartig in München ist. Er bietet viel Sonne, damit spielende Kinder nicht zu schnell frieren, und doch auch Schatten in den Randbereichen mit Baumbewuchs. Ein Wasserlauf, der in Richtung der großen Rutsche fließt, ist von großen Steinen eingefasst, sodass die Kleinen hier nach Herzenslust mit Stöpseln, Steinchen und Matsch das Wasser aufstauen und den Lauf verändern können. Die große Rutsche ist von einem knöcheltiefen Rundlauf umgeben und über Hängebrücken erreichbar. Einfach ein wunderbarer Ort, um einen sonnigen Tag mit viel Spaß beim Matschen und Pritscheln zu verbringen!

LAGE: Heiterwanger Str. 38, 81373 München
www.muenchen.de/freizeit
Haltestelle: Westpark (U6)

Spielplätze im Hirschgarten

VON HIRSCHEN, ELEFANTEN UND KETTENKARUSSELLEN

Im Hirschgarten gibt es nicht nur einen der bekanntesten und größten Biergärten in München, sondern auch viele verschiedene Spielplätze, u. a. vier Themenspielplätze – da wird es den Kindern nie zu langweilig! In der nordöstlichen Ecke des Hirschgartens, in unmittelbarer Nähe zur Haltestelle Steubenstraße, befindet sich ein großer Spielplatz mit einem riesigen Seilklettergerüst. Entweder geht's nun auf direktem Weg an der nördlichen Seite des Hirschgartens zum Biergarten oder Richtung Südosten zur Mitte des Parks und dort zu einer kleinen Kletterraupe.

Nun kann man sich wieder nach Norden wenden und direkt beim Biergarten das Kettenkarussell, den Kinder-Ketten-Flieger, entdecken. Für diese Attraktion wird zwar ein kleiner Obolus verlangt, sie lohnt sich aber trotzdem. Hier ist man auch schon ganz nahe am Wildgehege, wo man die Hirsche, die dem Park seinen Namen gaben, beobachten kann. Spaziert man auf der südlichen Seite des Hirschgeheges weiter, trifft man auf einen Wasserspielplatz, der sich an heißen Tagen wunderbar zur actionreichen Abkühlung anbietet.

Zum Abschluss des Spielplatz-Hoppings findet man ganz in der Nähe des Wasserspielplatzes über eine kleine Wiese hinweg den Elefantenspielplatz, der einen großen Sandbereich bietet und sich damit sowie mit den kleineren Klettergerüsten eher an die Kleinsten wendet, auch weil er etwas weiter vom großen Trubel des Biergartens entfernt ist.

LAGE: Hirschgarten, 80639 München
www.muenchen.de/sehenswuerdigkeiten
Haltestelle: Steubenplatz (Tram 16)

Röhrenspielplatz in der Olympiastadt

ABENTEUERLICHES KLETTERN, SCHAUKELN, RUTSCHEN

Das olympische Dorf wurde anlässlich der Olympischen Spiele 1972 als »Stadt in der Stadt« geplant und tatsächlich auch mit Blick auf eine spätere Nutzung hin entworfen. In der Siedlung – heute eine der beliebtesten Wohngegenden in München – spürt man an vielen Stellen das ästhetische Gefühl der 1970er-Jahre, z. B. bei den »Media Lines«, einem ca. 1,6 Kilometer langen System von verschiedenfarbigen beleuchtbaren Röhren, das als Kommunikations- und Medienanlage sowie als Orientierungshilfe dient. Das gesamte Dorf wurde zudem unter pädagogischen Gesichtspunkten entworfen, sodass man überall an eine abwechslungsreiche Gestaltung gedacht hat, die die Kinder zum Spielen einlädt. Das gilt auch für die zahlreichen Spielplätze, beispielsweise den Röhrenspielplatz, der sich durch einige Instandsetzungen und Renovierungen zu einem wunderschönen eingewachsenen Spielplatz gewandelt hat. Die namensgebenden originalen Röhren verleihen dem Spielplatz ein abenteuerliches Flair, sie laden zum Verstecken, Durch- und darauf Rumklettern ein. Es gibt einen Kletterturm, Schaukeln und selbstverständlich auch viele Rutschen in verschiedenen Größen. Neu hinzugekommen ist ein Niederseilgarten mit vielen Hangelgelegenheiten.

Dieses lohnende Spiele-Ausflugsziel kann man zusätzlich noch mit einem Spaziergang durch das olympische Dorf verbinden: Fährt man mit der U3 zum U-Bahnhof Olympiazentrum, läuft man durch das Gelände am Röhrenspielplatz vorbei bis zur U-Bahnhaltestelle Oberwiesenfeld und gestaltet so einen schönen Tagesausflug ganz ohne Auto.

LAGE: Straßbergerstr. 24, 80809 München
Haltestelle: Olympiazentrum (U3)

Ausgang
Exit
Olympia-Einkaufszentrum

68

Der verrückte Eismacher

AUSGEFALLENES GAUMENVERGNÜGEN

Spareribs-Eis, Brathendl-Eis, Bier-Eis, Zement-Eis oder Stockfisch-Eis – hier ist der Name Programm, denn der bereits mehrfach ausgezeichnete *Verrückte Eismacher* zaubert mit seinen ausgefallenen Eiskreationen regelrechte Geschmacksexplosionen auf die Zunge. Sein Motto lautet: »Alles, was essbar ist, kann man zu Eis machen.« Dabei werden ausschließlich hochwertige natürliche Zutaten ohne künstliche Aroma- oder Farbstoffe verwendet. In mittlerweile drei Eiscafés in München kann man seinen gustatorischen Mut unter Beweis stellen. Und hat man mal keine Zeit, nach München in die Eisdiele zu fahren, kann man mit des *Eismachers* Wunderhut auch selbst zu Hause fünf leckere Eiscremes kreieren (auf der Homepage bestellbar).

LAGE: Amalienstr. 77, 80779 München; Viktualienmarkt, 80331 München; Fraunhoferstr. 42, 80469 München
www.dvem.de
Haltestellen: je nach Standort

Eiskoid

MÜNCHENS ERSTE STECKERLEISDIELE

Seit Mai 2020 gibt es das *Eiskoid* in der Sommerstraße in München. Getreu dem Firmenmotto »Do schleckst di nieder« werden in der Pop-up-Eisdiele viele kalte Köstlichkeiten am Stiel angeboten: für Erwachsene u.a. »Prost am Stiel« in Form von Erdbeer-Daiquiri oder Espresso-Wodka, für die kleinen Gäste das beerige »Frucht am Stiel« aus 60 Prozent frischen Früchten. Wer nicht extra in die Eisdiele kommen will, freut sich über das *Eiskoid*-Fahrrad, das die Isar auf- und abfährt und den Steckerlgenuss direkt ans Sonnenplatzerl bringt. Damit das Eis bei heißen Temperaturen nicht sofort davonschmilzt, wurde es übrigens extra von einem Lebensmittelbiologen designed und fängt so erst nach einer guten Weile an zu tropfen – bis dahin ist es aber bestimmt schon längst aufgeschleckt.

LAGE: Sommerstr. 38, 81543 München, https://eiskoid.de
Haltestelle: Kolumbusplatz (U1, U2, U7, Bus 58)

schoki faktur
Diese Toppings eignen sich auch für

Schokifaktur München

SÜSSE SÜNDE SELBST GEMACHT

In den Stachus-Passagen am Karlsplatz findet man im Untergeschoss die kleine, aber feine *Schokifaktur*. In den Monaten Oktober bis April kann man dort nach Herzenslust für 6 Euro seine ganz persönliche Schokolade kreieren. Zunächst entscheidet man sich für die Schokoladensorte (Vollmilch oder weiße Schokolade), anschließend erhält man einen kleinen Becher und kann aus etwa 30 verschiedenen Toppings (z. B. Cookies, Nüsse, Smarties, Kekse, Gummibärchen, Zuckerperlen u. v. m.) sowie weiteren Special-Toppings wie Blüten oder Glitzerpulver auswählen. In der Zwischenzeit gießen die Mitarbeiter der *Schokifaktur* die flüssige Schokolade in eine Tafelform, dann darf man selbst das Ganze mit seinen Toppings individuell dekorieren.

Kinder sind hier natürlich in ihrem Element, können sie doch Schokoladentafeln nach ihrem ganz persönlichen Geschmack zusammenstellen, die es sicher nirgends zu kaufen gibt. Da entstehen schon mal so kreative Neuheiten wie weiße Schokolade mit Salzbrezeln und Gummibärchen-Fröschen oder Vollmilchschokolade mit getrockneten Bananen und sauren Pommes. Die fertige Schokolade kann nach etwa einer halben Stunde Kühl- bzw. Trocknungszeit abgeholt werden.

In den Sommermonaten verwandelt sich die *Schokifaktur* übrigens in eine Frozen-Yogurt-Eisdiele: Ähnlich wie beim Winterkonzept wählt man eine Sorte Frozen Yogurt und garniert seinen »Froyo« mit selbst gewählten Toppings. Ganz neu: die sogenannte »Eggwaffel«, die kleine Teig-Bällchen in der fertigen Waffel enthält.

LAGE: Karlsplatz (Stachus Passagen), 80335 München
www.schokifaktur.de
Haltestelle: Karlsplatz-Stachus (u. a. S1–8)

Brezelina

BAYERISCHE KÖSTLICHKEIT IM NEUEN »GWAND«

Eines ist sicher: Kinder lieben Brezen! Nicht umsonst gilt die Breze auch als ein, wenn nicht sogar als das Grundnahrungsmittel in Bayern. Oft gibt es die Breze pur oder mit Butter bestrichen, eventuell noch etwas lieblos mit Käse überbacken … Da geht das Team von *Brezelina* neue Wege, denn seiner Meinung nach passen auch andere Beläge ganz wunderbar zur Breze. Im Dezember 2009 wurde der erste Laden in den Stachus-Passagen eröffnet, und da das neue Konzept mit seinen zahlreichen Brezen-Variationen so großen Anklang fand, gesellte sich bald eine Filiale im Untergeschoss des Marienplatzes dazu.

Ganz nach dem Motto »Liebevoll für dich gemacht« legt das *Brezelina*-Team sehr großen Wert auf Frische, Qualität und Nachhaltigkeit. Täglich werden hier knusprige Laugenbrezen, -zöpfe und -croissants gebacken und individuell aufgepeppt. So gibt es die Brezensorten »Honig-Senf«, »Schnittlauch«, »Schinken«, »Rucola«, »Leberkäs« oder »Pute Curry« und noch viele weitere mehr. Fehlen darf natürlich auch das obligatorische pure Gebäck nicht bzw. das Laugencroissant mit Nutella.

Die Brezen von *Brezelina* sind übrigens nicht nur größer und schwerer als normale, sie halten sich auch extra lange frisch. Eine weitere Besonderheit bei *Brezelina* ist das Kartoffelpüree »to go« im praktischen Becher: Frisch zubereitet und ganz nach Gusto noch mit einem Topping verfeinert (z. B. Käse, Röstzwiebel, Schinken, Pesto, Trüffelöl etc.), genießt man unterwegs aus der Hand eine kleine warme Mahlzeit. Bei *Brezelina* findet jeder, ob Groß oder Klein, ein leckeres Laugen-Schmankerl zum Mitnehmen und Genießen!

LAGE: Karlsplatz 9, Stachus Passagen 1. UG, 80335 München
www.brezelina.com
Haltestelle: Karlsplatz-Stachus (u. a. S1–8)

Café Glückskind

HAIDHAUSENER GLÜCKSGRIFF FÜR DIE GANZE FAMILIE

Das Café Glückskind am Max-Weber-Platz ist ein wahrer Hort für Kinder, Eltern, Großeltern und Freunde. Ohne Stress kann man hier gerade mit jüngeren Kindern gemütlich frühstücken, einen Mittags-Snack genießen oder einen Kaffee trinken, während sich die kleinen Gäste in der großzügig ausgestatteten Spiel- und Krabbelecke mit Bilderbüchern, Puppen, Bauklötzen, einer Mini-Küche und weiteren Spielsachen vergnügen. Das Café Glückskind ist einfach hervorragend auf den Besuch junger Familien eingestellt, was man an den zahlreichen Kinder-Hochstühlen, der Wickelstation und einer Mikrowelle zum Aufwärmen von Milch und Babybrei merkt.

Die Speisekarte hat einiges zu bieten: frische Salate, Suppen, Omelettes, Rührei, Flammkuchen, Sandwiches, aber auch Kuchen und Torten, Pfannkuchen, Cookies und Muffins. Hier ist sicher für jede(n) genau das Richtige dabei, selbst für eher wählerische Kinder – für die es im Café Glückskind übrigens auch alle Gerichte als Kinderportionen zum halben Preis gibt. Wer es eilig hat, kann alle Gerichte »to go« bestellen. Die Getränkeauswahl des familienfreundlichen Cafés ist ebenfalls beachtlich, so werden italienische Kaffeespezialitäten, Tees, zahlreiche Säfte (auch frisch gepresst) sowie Milkshakes und frische Smoothies angeboten.

In den Sommermonaten kann man seine Schmankerln natürlich auf der Außenterrasse genießen und dabei die Kleinen bedenkenlos laufen lassen, da die Terrasse an einem begrünten Hof liegt und nicht direkt an einer befahrenen Straße.

LAGE: Seeriederstr. 9, 81675 München
https://cafe-glueckskind-muenchen.de
Haltestelle: Max-Weber-Platz (U4, U5)

BeerenCafés Hofreiter

SPIEL, SPANNUNG UND GENUSS IN EINEM

Was gibt es Leckereres als einheimisches, regionales Obst und Gemüse? In den drei Hofreiter BeerenCafés in und um München kann man z. B. ein tolles Frühstück mit selbst gemachter Beerenmarmelade, Pancakes oder Kräuteraufstrichen genießen. Mittags gibt es u. a. frische Salate direkt vom Feld. Nicht zu vergessen die leckeren Beerenkuchen, das selbst gemachte Eis und die frisch zubereiteten Schorlen aus den hauseigenen Beeren.

Natürlich können auch alle Beeren und Gemüsesorten auf den Feldern selbst geerntet werden. Um sich in allen Bereichen frei bewegen zu können, muss vorab eine Pflückpauschale pro Person beglichen werden, die jedoch zu 100 Prozent auf die Ernte angerechnet wird. Auf der Homepage der Familie Hofreiter bekommt man einen sehr guten Überblick über die Erntefelder, und die Beeren-Legende erklärt zudem genau, wie es um die Pflückbedingungen der jeweiligen Beeren steht.

Ein ganz besonderes Highlight der BeerenCafés ist jedoch der großzügig angelegte Natur- und Abenteuerspielplatz. Auch ein Sand- und Wasserspielplatz lädt zum Planschen, Matschen und Werkeln ein. Einige Streicheltiere und Fahrzeuge ergänzen das großartige Spielangebot.

Ab Juli bietet die Familie Hofreiter an den Standorten Johanneskirchen und Lochhausen zudem ein Maislabyrinth zum Erforschen an. Hier gilt es, versteckte Stationen mit Rätselfragen zu entdecken und zu lösen (für kleinere Kinder gibt es eine vereinfachte Variante mit Stempeln). Für das Maislabyrinth sollte man etwa eine halbe bis Dreiviertelstunde Zeit einplanen. Mutige Barfußläufer können sich auch auf einem Barfußpfad testen.

LAGE: Savitsstraße, 81929 München (Johanneskirchen)
www.hofreiter.de
Haltestelle: Englschalking (S8)

ANG LABYRINTH

Biergarten Kugler Alm

BAYERISCHE SCHMANKERL UND SPIELPLATZ-VERGNÜGEN

Zugegeben, die Kugler Alm in Oberhaching ist kein unbekanntes Ausflugsziel, aber dennoch ein hervorragender Platz für die ganze Familie. Insbesondere Radfahrer, Wanderer und Ausflügler kommen hier vorbei, denn der Radweg von München durch den Perlacher Forst zur Kugler Alm ist für Familien besonders geeignet, verläuft er doch ohne nennenswerte Steigungen, und die Rückfahrt ist anschließend mit der S-Bahn von Deisenhofen oder Furth aus möglich.

Auf die kleinen Gäste wartet ein toller Spielplatz, die »Kinder-Baustelle«, der perfekt von den Sitzplätzen im schönen, schattigen Biergarten einzusehen ist. Der große Sandkastenbereich, u. a. ausgestattet mit Helmen und Maurerkellen, lässt kleine Handwerkerherzen höherschlagen, dazu gibt's einen Spielzeugtraktor und eine Holzeisenbahn. Kein Wunder, dass die Kugler Alm schon zweimal als »kinder- und familienfreundlicher Betrieb« ausgezeichnet wurde.

Erfrischende Getränke und beliebte Schmankerl, wie z. B. Wurstsalat oder auch frische Schmalznudeln, stehen auf der Speisekarte. Die Küche der Kugler Alm zeichnet sich insbesondere durch die Verwendung frischer Zutaten aus dem hauseigenen Garten aus.

Sehr gern wird übrigens in der Kugler Alm auch eine Radler-Maß getrunken, wurde diese doch der Legende nach von Franz Xaver Kugler im Jahr 1922 hier »erfunden«. Damals drohte bei einem Ansturm von Fahrradausflüglern das Bier auszugehen – nicht auszudenken in einem Biergarten!

LAGE: Linienstr. 93, 82041 Oberhaching, www.kugleralm.de
Haltestellen: Deisenhofen oder Furth (S3), Kugler Alm (Bus 224)

Forsthaus Kasten

KLEINES GARTENGLÜCK VOR DEN TOREN VON MÜNCHEN

Der Familien- und Ausflugsbiergarten Forsthaus Kasten im Forstenrieder Wald südlich von München garantiert Freizeitspaß und kulinarischen Genuss für alle – denn neben dem urigen Biergarten, der, wie es sich in Bayern gehört, unter alten Kastanienbäumen liegt, findet man ein Biergarten-Kinderspielparadies. Fernab vom Verkehr können sich Kinder hier richtig austoben. Ab etwa Juli/August ist dann auch noch die Jagd durch das Maislabyrinth angesagt. Ob die Kinder da pünktlich zum Essen wieder herausfinden?

Natürlich beherbergt das Forsthaus Kasten auch Tiere, nämlich die zwei Publikumsmagnete Lauser und Samson, zwei Esel, sowie eine große Heidschnucken-Herde, die auf der grünen Wiese hinter dem Forsthaus grast.

Nicht nur der Freizeitwert ist groß beim Forsthaus Kasten, auch das Kulinarische kommt hier nicht zu kurz. Die aus regionalen Zutaten hergestellten Speisen werden frisch zubereitet, und beim Duft der frisch gebratenen Hendln und Steckerlfische läuft einem schon das Wasser im Mund zusammen. Zusätzlich tut man mit einem Besuch im Forsthaus Kasten noch etwas Gutes: Wer im Biergarten oder bei einer Feierlichkeit im »Forst-Kasten« Speis und Trank kauft, zahlt automatisch zehn Prozent des Preises an die Heiliggeistspital-Stiftung, eine der ältesten in München, die u. a. das Alten- und Pflegeheim am Dom-Pedro-Platz unterhält.

Das Forsthaus eignet sich zudem hervorragend als Start- bzw. Endpunkt für einen Ausflug in den Forstenrieder Park.

LAGE: zwischen Neuried und Gauting, www.forst-kasten.de
Haltestelle: Stockdorf (S6), dann 45 Min. Fußmarsch

Der kleine Flo

RAN AN DIE TAPAS-BURGER!

Zwischen Stachus und Sendlinger Tor gelegen, hebt sich *Der kleine Flo* wohltuend von anderen Läden seiner Art ab, denn hier werden keine normalen Burger serviert – es gibt selbige nämlich als Tapas, also ausschließlich Burger im Kleinformat. Was Kinder wohl sehr entgegenkommt, sind sie so doch nicht mit Riesen-Portionen konfrontiert. Hier können sie zudem aus über 30 Mini-Burger-Varianten auswählen, vom klassischen, vegetarischen oder veganen Burger bis zur kompletten Neukreation. Und müssen nicht über die »eklige Gewürzgurke« schimpfen, die sich sonst immer so heimtückisch versteckt.

Die Mini-Burger werden direkt vor Ort und frisch zubereitet. Selbst die Semmeln sind selbst gemacht, was bei der Größe der Burger nicht verwundert. Wenn man früh genug zum *Kleinen Flo* kommt, wird man bereits vom Duft frisch gebackener Brötchen begrüßt – hier gibt es nämlich nicht nur Deftiges, sondern auch süße Mini-Burger fürs Frühstück. Soßen, Kuchen, Desserts und vieles mehr werden ebenfalls nach eigenen Rezepten und ohne künstliche Zusatzstoffe direkt vor Ort hergestellt. Selbst die Mini-Burger-Grundbausteine, die Zwiebeln und Gurken, werden nach einem eigenen Hausrezept eingelegt.

Dieser Laden ist somit tatsächlich ein kleines Unikat, mit Angeboten für den ganzen Tag, vom Frühstück bis zum Abendbrot. Und keine Sorge: Zu ausgefallen können Kundenwünsche gar nicht sein, als dass sie das nette und aufmerksame Team nicht möglich machen würde!

LAGE: Josephspitalstr. 4, 80331 München
https://derkleineflo.de
Haltestellen: Karlsplatz-Stachus (u. a. S1–8), Sendlinger Tor (U1–3, U6)

Foodtrucks in München

FLIEGENDE RESTAURANTS AUF RÄDERN

Nicht nur in Berlin, auch in München gibt es eine kleine, sehr lebendige Foodtruck-Szene. Man muss sie zwar manchmal etwas suchen, findet sie aber an den unterschiedlichsten Ecken. Sie rollen über Münchens Straßen, parken auf Firmengeländen und versorgen alle Hungrigen mittags mit fabelhaftem Essen: ob mit Currywürsten und Hotdogs wie die »Isardogs« oder mit Speisen, die bei den verschiedensten Unverträglichkeiten geeignet sind wie bei »Die intolerante Isi«. Hier findet jeder, was ihm schmeckt. Auch für Eltern ist ein Foodtruck eine gelungene Abwechslung zum Selbstkochen, und man kann das Ganze zudem prima mit einem Spaziergang verbinden.

Das Schöne an den Trucks ist, dass sie u. a. Vorreiter für direkte Regionalität waren bzw. sind – verkocht und angeboten werden ganz oft frische Erzeugnisse von Bauern und Lieferanten aus der Umgebung Münchens. Wo die Foodtrucks jeweils stehen, erfährt man auf ihren topaktuellen Homepages – denn die meisten Trucker leben ja davon, auch gefunden zu werden.

Ein spezieller Foodtruck soll hier noch hervorgehoben werden. Etwas außerhalb von München findet man Richtung Unterföhring den Feringapark, der nicht nur viele verschiedene Einkaufsmöglichkeiten bietet, sondern aufgrund der zahlreichen Bürogebäude auch einen Foodtruck angezogen hat: einen kleinen blauen Piaggio-Roller mit Aufbau, in dem es ausgefallene Suppen-, Eintopf- und Currykreationen für »auf den Löffel« gibt (im Internet unter »James Spoon« zu finden). An dieser Ecke kommt man auch vorbei, wenn man im Feringasee baden gehen will.

LAGE: Feringastr. 10, 85774 Unterföhring
Haltestellen: Unterföhring (S8), Unterföhring-Feringastraße (Bus 50)

Rückwärts-Uhr

SEHENSWÜRDIGKEIT, DIE LEICHT ÜBERSEHEN WIRD

In Bayern ist vieles anders und in München sowieso. Da verwundert es auch nicht, dass die imposante Uhr (2,80 m im Durchmesser, 50 kg schwer) oben an der Westseite des größten Isartor-Turms irgendwie so anders wirkt … Schaut man nämlich genauer hin, merkt man, dass die Zeiger hier tatsächlich rückwärtsgehen! Aber natürlich kann in unmittelbarer Nähe zum Karl-Valentin-Musäum auch keine gewöhnliche Uhr hängen – es muss eine Hommage an den Andersdenker Valentin und seine geniale Partnerin Liesl Karlstadt sein. Und nicht nur das, ist die Uhr doch ein Zeichen für die Einzigartigkeit Bayerns und Münchens, wo die Uhren wirklich anders und manchmal sogar rückwärtsgehen. Vielleicht merkt man dann in all unserer Schnelllebigkeit, dass man hiermit sogar Zeit gewinnen kann …

LAGE: Tal 50, 80331 München
www.valentin-musaeum.de
Haltestelle: Isartor (S1–8)

Unendliche Treppe

EIN VERSTECKTES PHÄNOMEN

Ein seltsames Gebilde liegt versteckt sich in der Nähe der Theresienwiese an der Ganghoferstraße im Innenhof des Firmengebäudes der Treuhandgesellschaft KMPG. Was genau soll das sein? Eine Treppe? Wo ist da der Anfang und wo das Ende? Leider kann man dieses Kunstwerk nicht begehen, die Unendliche Treppe ist dennoch eine kleine, feine Sehenswürdigkeit und gut als Fotomotiv geeignet. Die Doppelspirale aus Stahl mit dem passenden Namen »Umschreibung« wurde 2004 vom dänischen Künstler Ólafur Elíasson errichtet, der sich vorwiegend mit physikalischen Phänomenen und dem Wechselspiel seiner Kunstwerke mit der Umwelt und den betrachtenden Personen beschäftigt. Die Treppe passt sich wunderbar in die strenge Kubistik des Innenhofs ein, sie scheint dort zu schweben. Auch für Kinder eine lustige Sache!

LAGE: Ganghoferstraße 29, 80339 München
www.muenchen.de/freizeit
Haltestellen: Schwanthalerhöhe (U4, U5)

Pumuckl-Brunnen

ZU EHREN DES KLEINEN KLABAUTERMANNS

Alle lieben ihn, den kleinen rothaarigen Kobold, der in der Werkstatt vom Schreinermeister Eder jede Menge Schabernack treibt. Als Hommage an die Schriftstellerin und Pumuckl-Erfinderin Ellis Kaut wurde 1985 ein Brunnen im westlichen Luitpoldpark in Schwabing beim Pumuckl-Kinderspielplatz errichtet. Etwa 700 Brunnen gibt es in München, aber dieser ungewöhnliche treibt, genau wie der Pumuckl, sein Wasser spuckendes Unwesen. Das sieht man schon an seinem kecken Aufbau – frech reißt die kleine Bronzefigur ihre Arme und einen Fuß nach oben. Womit man allerdings nicht unbedingt rechnet: In unregelmäßigen Abständen prustet der Kobold eine Wasserfontäne auf die Umstehenden. Jauchzend springen Kinder um die Figur herum und warten auf diesen Wasserstrahl vom Pumuckl, der durchaus mal drei bis vier Meter weit sein kann. Die bronzene Figur steht auf einer steinernen Stele, um die herum drei kleinere Stelen in kindgerechter Höhe angeordnet sind, denn das Wasser ist Trinkwasser, was gerade an heißen Sommertagen wunderbar erfrischt.

Gut vorstellen kann man sich den Pumuckl auch auf dem benachbarten Gelände, wo ein großer Sandspielplatz und einige Spielgeräte größere und kleinere Kinder anlockt. Ein Highlight des Pumuckl-Spielplatzes ist das Heckenlabyrinth – man kann sich gut vorstellen, wie der kleine Klabautermann dort Verstecken spielt. Schattige Plätze ermöglichen zudem ein gemütliches Picknick im Grünen. Aber Vorsicht, der Pumuckl mag sehr gern Wurst und Schokolade!

LAGE: Luitpoldpark, 80804 München
Haltestelle: Scheidplatz (U2, U3)

Königlich Bayerischer Hofphotograph

EINTAUCHEN IN UR-URGROSSELTERNS ZEITEN

Auf der schon beschriebenen Auer Dult am Mariahilfplatz und auch auf der Wiesn unterhält der Königlich Bayerische Hofphotograph einen mobilen Stand, bei dem man in vergangene Zeiten eintauchen und einzigartige Fotos machen lassen kann. Oder man besucht nach Terminvereinbarung den Atelier-Stammsitz, der etwas versteckt in einem Hinterhof in der Oefelestraße in München zu finden ist. Bereits bei einem Blick durch das Fenster des Ateliers entdeckt man den riesigen Fundus mit historischen Kostümen, Uniformen und unzähligen Requisiten. Und betritt man dann den Laden, glaubt man sich in die Vergangenheit versetzt. In diesem theaterhaften Ambiente bekommt man sofort Lust, sich in ein junges Fräulein mit Reifrock und Sonnenschirm oder in einen Gentleman mit Frack und Zylinder zu verwandeln. Unter der fachkundigen Anleitung des Hofphotographen Stephan Bastian entstehen in kürzester Zeit schneidige Matrosen und respektable Damen im Stil der Jahrhundertwende. Das Besondere an den Kostümen ist, dass diese so genäht sind, dass man in Sekundenschnelle hineingeschlüpft ist – ein sehr großer Vorteil, wenn man mit kleineren Kindern ein Foto machen möchte. Im Studio wird man alsdann von Herrn Bastian vor verschiedenen historischen Fotohintergründen »drapiert« und abgelichtet.

Nach dem Fotografieren ist man dann doch ein bisschen traurig, wieder aus dem Kostüm steigen und in die heutige Zeit »zurückreisen« zu müssen. Doch das individuelle, außergewöhnliche Bild, das man hier hat anfertigen lassen, bleibt als wunderschönes Andenken bestehen. Ein Tipp: das Foto als Geschenk kurz vor Weihnachten machen lassen und sich dann über die leuchtenden Augen der Großeltern freuen.

LAGE: Oefelestr. 22, 81543 München, www.hofphotograph.de
Haltestelle: Kolumbusplatz (U1, U2, U7, Bus 58)

ChristkindlTram
2412
2412

ChristkindlTram

WEIHNACHTLICHE FAHRT DURCH MÜNCHEN

Was gibt es Schöneres als leuchtende Kinderaugen in der Weihnachtszeit? Leider sind Kinder, aber vor allem Eltern gerade vom weihnachtlichen Einkaufsbummel oft gestresst. Zum Glück hat sich die Münchner Verkehrsgesellschaft da etwas Tolles einfallen lassen, wie man als Familie zur Ruhe kommt und den Zauber der Weihnachtszeit im hektischen Großstadtleben wiederfindet: eine Fahrt in einer geschmückten historischen Trambahn aus dem Jahr 1957 durch das leuchtende München – Nostalgie pur! Mit einer Tasse Glühwein oder Kinderpunsch, einem Lebkuchen oder anderen weihnachtlichen Leckereien in der Hand, macht man es sich auf den urigen Holzsitzen bequem und genießt die etwas ruckelige, aber doch besinnliche Rundfahrt durch das pulsierende Herz der Stadt. Dabei kommt man an einigen Münchner Sehenswürdigkeiten vorbei, z. B. am Sendlinger Tor, dem Start- und Zielpunkt der Fahrt, und am Isartor mit dem Karl-Valentin-Musäum, dann fährt man die Maximilianstraße entlang bis zur Oper, passiert das Nationaltheater und umrundet das beleuchtete Maxmonument. So lässt man sich gemütlich und im kuschelig warmen Wagen zur Weihnachtsstimmung schaukeln.

Alle 45 Minuten kann man die etwa 25-minütige Fahrt mit der hübsch dekorierten MVG-ChristkindlTram durch die Münchner Innenstadt antreten und bei stimmungsvoller Musik der weihnachtlichen Hektik für kurze Zeit entfliehen. Karten hierfür können direkt am Schaffnerhäuschen an der Sonderhaltestelle am Sendlinger Tor gekauft werden. Die ChristkindlTram ist an Wochentagen immer nachmittags im Einsatz, an den Wochenenden verkehrt sie bereits ab 11 Uhr. Kinder bis 6 Jahre fahren kostenfrei mit. An den Adventssonntagen gibt es zudem nachmittags ein besonderes Programm mit Zaubershow und vielen Überraschungen für die Jüngsten.

LAGE: Sendlinger-Tor-Platz, 80336 München, www.mvg.de/services
Haltestelle Ein-/Ausstieg: Sendlinger Tor (U1–3, U6)

Himmelswerkstatt

BASTELVERGNÜGEN FÜR KLEINE ENGEL

Ein tolles Mitmach-Angebot in der Vorweihnachtszeit bietet das Team des Münchner Kinder- und Jugendmuseums in der Ratstrinkstube im Neuen Rathaus am Marienplatz: die *Himmelswerkstatt*. Während Eltern noch auf der Suche nach Geschenken durch das hektische München jagen, können sich junge Christkindlmarktgäste im Alter von 6–12 Jahren in kleine Engerl mit Flügeln, schönen Gewändern und goldenen Schürzen verwandeln und ihrer Kreativität freien Lauf lassen. Zwei Wochen lang findet dieser Event täglich um 14.30 bzw.16.30 Uhr statt.

Empfangen wird man an der Rathauspforte am Fischbrunnen von einem »Engelsboten«, der die Kinder in die weihnachtlich geschmückte Himmelswerkstatt führt. In verschiedenen Werkstätten, die von Künstlern und Pädagogen betreut werden, basteln die kleinen Weihnachtsengel kreative Geschenke: Es können u. a. Kerzen und Seifen hergestellt, in der Papierwerkstatt Papier bedruckt oder Geschenkanhänger bzw. -papier gebastelt werden. In der Schreibwerkstatt dürfen sich die Kinder an die Schönschrift mit Feder und Tinte wagen. Zudem gibt es eine Mitmach-Naschwerkstatt, in der himmlische Leckereien hergestellt und natürlich auch vernascht werden können. Weiterhin besteht die Möglichkeit, aus unterschiedlichsten Naturmaterialien Kränze zu binden.

Einen himmlischen Abschluss gibt es jeweils 15 Minuten vor Ende der Aktion: Dann singen die kleinen Engel gemeinsam Weihnachtslieder oder bekommen eine Weihnachtsgeschichte vorgelesen. Das Aktionsprogramm ist kostenlos und erfordert keine vorherige Anmeldung, man sollte nur pünktlich vor Ort sein (am besten 10–15 Min. vor Beginn).

LAGE: Marienplatz 8, 80331 München
www.muenchen.de/veranstaltungen
Haltestelle: Marienplatz (S1–8, U3, U6)

Bavaria

SCHUTZPATRONIN NICHT NUR DES OKTOBERFESTS

Hoch oben thront sie, die Bavaria, und wird jedes Jahr beim Oktoberfest zum Treffpunkt unzähliger Besucher. Eingerahmt von Ruhmeshalle und Theresienwiese wacht sie seit 1850 über Bayern und das Oktoberfest im Besonderen. Da Bayern zu dieser Zeit noch ein relativ junges Staatengebilde war, beschloss König Ludwig I., dass in der Hauptstadt ein nationales Monument vonnöten sei, in dem sich auch alle neu hinzugekommenen Gebiete wie Pfalz, Franken und Schwaben wiederfinden könnten. So entstanden die Ruhmeshalle mit ihren Büsten bedeutender Persönlichkeiten und die Monumentalstatue der Bavaria, die auf einem zehn Meter hohen Steinsockel steht und sage und schreibe 18,52 Meter hoch ist.

Ein Besuch dieses Ensembles lohnt sich, am besten in den Monaten April bis Oktober, wenn es ruhiger um die Schutzpatronin herum ist. Während dieser Zeit kann man sogar in die Statue hineinklettern und über eine kleine, enge Wendeltreppe bis in den Kopf der Bavaria hinaufsteigen – von dort oben genießt man einen guten Blick über die Theresienwiese.

Die aus Bronze gegossene Statue, deren Bau sieben Jahre dauerte, ist nach den Kolossalstatuen des 17. Jahrhunderts das erste Beispiel ihrer Art aus dem 19. Jahrhundert. Sie war und ist eine technische Meisterleistung und sozusagen eine direkte Vorfahrin der Freiheitsstatue von New York. Diese gleicht ihr auch in ihrer Pose, nur hält die Bavaria statt Buch und Fackel ein Schwert und Eichenlaub in den Händen, und zwar in Erinnerung an die Freiheitskriege, aus denen Bayern in seiner damaligen Form entstand.

LAGE: Theresienhöhe 16, 80339 München
www.muenchen.de/sehenswuerdigkeiten
Haltestellen: Theresienwiese oder Schwanthalerhöhe (U4, U5)

Sonnenuhrengarten

WER HAT AN DER UHR GEDREHT?

Mit einer Sonnenuhr verbindet man meist eine einzelne große Uhr an einem hohen Turm oder an einer Gebäudewand. Mit Hilfe des Sonnenstands zeigt diese Uhr die Zeit an; als »Zeiger« dient dabei in der Regel der Schatten eines angebrachten Stabes. Das muss aber nicht die einzige Art und Weise sein, wie so eine Sonnenuhr funktioniert: Auf der Dachterrasse des Deutschen Museums befindet sich mit dem Sonnenuhrengarten mit 21 unterschiedlichen Sonnenuhren eine sehenswerte Besonderheit. Diese funktionieren nach verschiedenen Prinzipien und können bei schönem Wetter – wenn der Blick von hier im Übrigen bis zu den Alpen reicht – genauestens begutachtet und miteinander verglichen werden.

Da die Sonnenuhren in der Reihenfolge ihrer historischen Entstehung aufgestellt wurden, macht man somit auch einen Spaziergang durch die Jahrhunderte und kann dabei gut sehen, wie die Menschen versuchten, die Uhrzeit immer genauer abzubilden. Sonnenuhren werden bereits seit der Antike genutzt, aber auch Sonnenuhren jüngeren Datums, die z. B. erst in den vergangen Jahren erfunden wurden, haben auf der Museums-Dachterrasse ihren Platz. Ohne die Funktionsweisen zu ändern, wurde die Sammlung mit neuester Technik sowie maximaler Genauigkeit neu berechnet und konstruiert. So kann man auch die verschiedenen Aufbauweisen auf ihre Genauigkeit hin vergleichen: Ist die Sonnenuhr aus der Antike vielleicht doch genauer und leichter ablesbar als die neueste Uhr?

Regelmäßig werden um 14 Uhr kostenlose Terrassenführungen durch den Sonnenuhrengarten angeboten.

LAGE: Museumsinsel 1, 80538 München
www.deutsches-museum.de
Haltestellen: Isartor (S1–8, Tram 16), Deutsches Museum (Tram 17)

Königliche Löwennasen

WER SICH TRAUT, DEM WINKT DAS GLÜCK!

Löwen aus der Nähe zu betrachten, erfordert ja schon einiges an Mut, aber einen Löwen tatsächlich an der Nase zu streicheln? Ob sich Kinder und Erwachsene wirklich trauen? Glücklicherweise handelt es sich bei diesen hier um bronzene und daher vollkommen zahme Löwen. Sie stehen vor dem Eingang der Münchner Residenz am Odeonsplatz, und ihre Nasen sollen Glück bringen. Wie geht denn das? Die Löwennasen sind Teil eines alten metallenen Schilds, und nur die Nasen glänzen leuchtend bronzen. Das verwundert kaum, denn die Münchner glauben, dass es Glück bringt, wenn sie an diesen reiben – so erübrigt sich jegliche Pflegepolitur im Übrigen von selbst.

Die Löwennasen beruhen auf einer Legende aus dem Jahr 1848. Ein junger Student verfasste damals über die Geliebte König Ludwigs I. eine Spottschrift und hängte diese an das Eingangstor der Residenz. Der König war darüber natürlich empört und setzte eine hohe Belohnung auf die Ergreifung des Übeltäters aus. Aber anstatt zu flüchten, ging der Student zum König und gestand seine Tat. Der Mut des jungen Manns beeindruckte Ludwig I. so sehr, dass er ihm sogar das auf ihn ausgeschriebene Kopfgeld aushändigte. Überwältigt von so viel Glück wurden dem jungen Studenten die Knie ganz weich, sodass er sich, um nicht zu stürzen, an der Löwenschnauze neben dem Residenzeingang festhalten musste. Die umstehenden Passanten waren wohl sehr erstaunt und reimten sich daher zusammen, dass es Glück und auch Wohlstand bringen müsse, wenn man dem Löwen am Schild an die Nase fasste.

Die Originale der Löwenstatuen befinden sich zwar seit einiger Zeit in den Ausstellungsräumen der Residenz, aber auch die Abgüsse der Löwennasen bringen bei Berührung bestimmt jede Menge Glück, wenn man nur richtig daran glaubt.

LAGE: Residenzstr. 1, 80333 München
Haltestellen: Marienplatz (S1–8, U3, U6), Odeonsplatz (U3, U6)

Viktualienmarkt

GENUSSREICHER MÜNCHNER »ENTSCHLEUNIGER«

Nirgendwo kann man in München mehr das Flair der Stadt einatmen als auf dem Viktualienmarkt. Hier spürt man: München ist wohl die nördlichste Stadt Italiens. Hat man den Marienplatz verlassen und ist zwischen Altem Peter und der Heilig-Geist-Kirche hindurchspaziert, spürt man eine Veränderung in sich vorgehen: Der Schritt wird langsamer, man beginnt zu schlendern, hält vielleicht ein Schwätzchen mit den Marktfrauen, als wäre man mit ihnen zur Schule gegangen. Der Viktualienmarkt ist einfach *der* große »Entschleuniger« mitten in München.

Dass er das werden konnte, ist den weisen Stadtvätern nach Ende des Zweiten Weltkriegs zu verdanken: Da der ursprüngliche Markt während des Kriegs fast vollständig zerstört wurde, gab es Überlegungen, diese beste Lage mit Hochhäusern nachzuverdichten. Jedoch, man entschied sich dagegen und baute den Markt in seiner jetzigen Aufteilung wieder auf.

Kommt man vom Marienplatz, sieht man auf seiner rechten Seite das Petersbergl mit der Metzgerzeile – nur hier konnte man Keller in den Berg schlagen und so die Fleischwaren kühl halten. Der restliche Marktteil durfte seinerzeit nicht unterkellert werden, da die Stadtbäche für einen zu hohen Grundwasserspiegel sorgten.

Am zentralen Maibaumplatz mit seinem gemütlichen Biergarten findet man die Fischhändler, die koscheren Geschäfte und die Kartoffelabteilung. Am besten lässt man sich viel Zeit beim Einkauf und genießt dabei die gute Beratung – nur dann bekommt man auch die besten Viktualien!

LAGE: Viktualienmarkt 3, 80331 München
www.viktualienmarkt-muenchen.de
Haltestelle: Marienplatz (S1–8, U3, U6)

Viktualien-
markt
Isartor
Hofbräuhaus
Gärtnerplatz
Gärtnerplatztheater
Residenz
Bayerische Staatsoper
QUALITÄT VOM LANDE

Brauseschwein

KUNTERBUNTE REGENBOGEN-WELT FÜR ALLE

Tritt man über die Schwelle des *Brauseschweins*, findet man sich sofort in einer kunterbunten Regenbogen-Welt wieder. Ein wahres Schlaraffenland für Kinder – möglicherweise zum Leid der zahlenden Großeltern und Eltern, aber die leuchtenden Kinderaugen machen dies garantiert wieder wett. In dem außergewöhnlichen, großen Kinder-Kaufladen kann man einmal so richtig abtauchen in eine Welt wie aus der »guten alten Zeit«. Glücklicherweise deutet hier nichts auf eine ordentlich eingerichtete Spielwaren-Abteilung eines großen Kaufhauses hin, in der man Kinder ständig darauf hinweisen muss, nichts anzufassen bzw. aufzupassen – hier darf man noch entdecken! Und dabei hilft natürlich, dass das Ladeninnere ein wenig an einen Dschungel erinnert. Überall erwarten uns quietschbunte Kuscheltiere, Bastel- und Dekomaterial, Scherzartikel und natürlich unzählige Süßigkeiten in zahlreichen Bonbonieren. Ob ein Geschenk für eine werdende Mutter gesucht wird, ein Lätzchen fürs Baby oder ein Bagger für den Enkel oder ob man sich als Erwachsener einfach mal einen langgehegten Kindheitstraum erfüllt – hier wird man auf jeden Fall fündig. Die Frage, ob man es dann auch wirklich braucht oder nicht, stellt sich dabei gar nicht, denn an diesem Ort will das Kind aus einem heraus und Spaß haben.

Das *Brauseschwein* muss man einfach erlebt haben, damit man überhaupt glaubt, dass es so einen Laden noch gibt. Ein bisschen fühlt man sich hier wie bei Mary Poppins, wie in einer Welt, in der man auch als älterer Mensch noch einen bunten Drachen durch die Lüfte schweben lassen darf.

LAGE: Frundsbergstr. 52, 80637 München
www.brauseschwein.de
Haltestelle: Rotkreuzplatz (U1, U7, Tram 12)

Dipinto di blu Keramikmalstudio

DIY-KERAMIK FÜR JEDERMANN

Was tun in München bei schlechtem Wetter? Die Kinder wollen in kein Museum, die Hallenbäder und Kinos sind überfüllt und die Gesellschaftsspiele wieder mal alle durchgespielt. Und wer kennt das nicht: Beim Basteln zu Hause sieht die Wohnung bereits nach zehn Minuten aus wie ein Schlachtfeld, und die Kinder haben nach getaner Bastelarbeit keine Lust mehr aufzuräumen …

Wie wäre es dann mit einem Besuch im Keramikmalstudio in Neuhausen mit dem schönen Namen *Dipinto di blu*? In angenehmer Atmosphäre können Kinder und Erwachsene hier etwas ganz Einzigartiges gestalten und sich kreativ austoben, ohne vorher einen Keramik- oder Töpferkurs absolviert haben zu müssen. Das Prinzip ist ganz einfach: Zunächst sucht man sich etwas aus den unterschiedlichsten Keramikrohlingen (z. B. Tassen, Müslischalen, Teller oder Vasen) aus und bemalt diese dann nach individuellen Vorstellungen. So entstehen beim gemeinschaftlichen Verzieren kleine Kostbarkeiten, die sich wohltuend vom Einheits-Geschenkebrei abheben und dem Beschenkten bestimmt bestens in Erinnerung bleiben werden. Beim Bemalen bekommt man zudem Unterstützung von der Inhaberin – sie zeigt unterschiedliche Maltechniken, mit denen man weiterarbeiten kann, und hilft dabei, dass der größte Möchtegernkünstler nicht an der Tücke des Objekts scheitert.

Insgesamt sollte man für das Bemalen mit etwa zwei bis drei Stunden rechnen. Ist der ausgewählte Rohling fertig verziert, wird er vom Studio glasiert und im Brennofen gebrannt; nach einigen Tagen kann man dann sein Kunstwerk abholen. Das spülmaschinenfeste Keramik-Geschirr ist eine tolle Geschenkidee.

LAGE: Frundsbergstr. 13, 80634 München, www.dipintodiblu.de
Haltestelle: Rotkreuzplatz (U1, U7, Tram 12)

KNET RADIERER GLITZER

Kokolores

GESCHENKELADEN DER BESONDEREN ART

Kokolores – ein ungewöhnlicher Name für einen Laden, bedeutet dies umgangssprachlich ja so viel wie Unfug, Blödsinn, Nonsens, aber auch Geschwätz. Genau geklärt ist die Herkunft des Wortes Kokolores bis heute nicht. Man vermutet, dass der Ausdruck möglicherweise vom mittelniederdeutschen Wort Gokeler (Gaukler) abgeleitet wurde, begründet mit der Ähnlichkeit des Wortlauts. Eine andere Annahme ist die, dass sich der Begriff auf den Ruf des Hahns bezog, welchem Stolz und Prahlerei nachgesagt werden.

Diese Begriffsklärungen haben jedoch nichts mit dem *Kokolores* in der Wörthstraße in Haidhausen zu tun. Dieser liebevoll gestaltete Laden entführt Klein und Groß in eine bunte, fantastische Welt. Hier prahlt und stolziert man nicht, sondern lässt das Kind im Erwachsenen zu. Die zwei Gründerinnen, Katrin und Ulrike, waren Nachbarinnen und kamen auf die Idee, gemeinsam dieses tolle Geschäft zum Stöbern und Finden zu gründen. 13 Jahre gibt es das *Kokolores* mittlerweile, schön gelegen in der Nähe des Bordeauxplatzes. Man findet hier ausgewählte Kleinigkeiten bzw. Geschenkideen – vom Blechspielzeug, mit dem schon die Großeltern gespielt haben, über kleine bunte Retro-Blechroboter, bestickte Kissen, Taschen, Wecker, Blumensamen, Weihnachtsdeko, Schreibwaren, Geschenkpapier, kunterbunte Postkarten und noch vieles mehr. Einfach allerhand Krimskrams, Gemischtes, originelles Kleinzeug und vielleicht auch Sachen, die man nicht unbedingt braucht oder sucht, die aber das Leben einfach bunter und ein bisschen lebenswerter machen. Ob hier Selbstbeherrschung oder doch eher Kaufrausch vorprogrammiert ist? Egal, ein Besuch macht einfach Freude!

LAGE: Wörthstr. 8, 81667 München
https://kokolores-muenchen.de
Haltestelle: Wörthstraße (Tram 15, 21)

Alter Peter

PFLICHTPROGRAMM FÜR JEDEN MÜNCHNER

In unmittelbarer Nähe zum Marienplatz befindet sich Münchens älteste Pfarrkirche, Sankt Peter, gemeinhin »Alter Peter« genannt, mit einem prächtigen barocken Innenraum. Interessant ist aber wohl vor allem für Besucher der insgesamt 91 Meter hohe Glockenturm, den man besteigen kann. Ein Glück, dass er überhaupt noch steht, wurde der Alte Peter im Zweiten Weltkrieg doch durch zwei direkte Bombentreffer fast vollständig zerstört. Nachdem ein Wiederaufbau zu teuer erschien und die Kirche komplett gesprengt werden sollte, ist es nur zwei Stadtpfarrern und der Spendenbereitschaft der Münchner und Finanzhilfen aus aller Welt zu verdanken, dass der Alte Peter originalgetreu wiederaufgebaut wurde.

Der Turm hat einen extra Eingang, den man bequem fußläufig vom Marienplatz erreicht. Der Eintrittspreis ist relativ gering und die Aussichtsplattform ganzjährig geöffnet, sodass man zu jeder Jahreszeit hinaufsteigen kann – und zwar über 306 Stufen (ein bisschen Ausdauer sollte man schon haben) an der Turmaußenwand herum bis zur 56 Meter hoch gelegenen Turmwächterstube mit der Plattform. Diese zieht sich um die komplette Außenseite des Turms herum, sodass man eine tolle 360°-Rundumsicht auf München genießt. Der Turm ist aber auch nicht so hoch, dass man dabei nicht wunderbar das hektische Treiben auf dem Marienplatz und dem Viktualienmarkt beobachten kann. Oder man hebt den Blick und staunt über das Panorama von München mit den Türmen der Frauenkirche, dem Königsplatz mit den Glyptotheken und dem Englischen Garten. Bei schönem Wetter und Föhn reicht die Fernsicht von hier sogar bis zu 100 Kilometer weit in die Alpen hinein und auf das Münchner Umland.

LAGE: Petersplatz 1, 80331 München
www.muenchen.de/sehenswuerdigkeiten
Haltestelle: Marienplatz (S1–8, U3, U6)

RINDERMARKT
Kaiser

Zeltdachtour Olympiastadion

ÜBER DEN DÄCHERN DER STADT SCHWEBEN

Das Olympiagelände mit seinen weltbekannten Zeltdächern ist ein Wahrzeichen von München. Die einzigartigen Konstruktionen sollten seinerzeit die offenen und freundlichen Spiele von 1972 auch architektonisch unterstreichen. Besonders das als Erdstadion angelegte Olympiastadion war eine der Hauptattraktionen. Als klassisches Stadion mit Fußballfeld mit Naturrasen und Leichtathletik-Laufbahn konnte es auch nach den Spielen für viele Veranstaltungen genutzt werden. 1972–2005 war es das Heimstadion der beiden großen Münchner Fußball-Klubs, und 1974 fand hier sogar das Endspiel der Fußball-WM statt. Das Stadion wird immer noch als Austragungsstätte für Leichtathletik-Veranstaltungen genutzt, und in den Sommermonaten beben die Zeltdächer zudem durch die großen Produktionen international und national erfolgreicher Künstler. Am Stadion merkt man am meisten, was für ein Glück für München die Vergabe der olympischen Spiele 1972 war, nicht nur wurde die Stadt aus ihrer Provinzialität gerissen, sondern auch viele städtebauliche Verbesserungen wurden realisiert.

Eine großartige Attraktion für alle, die mal über den Dächern der Stadt schweben wollen, sind die Zeltdachtouren am Olympiastadion, bei denen man sich von den detailkundigen Guides das Olympiagelände von oben erklären lässt. Und von den höchsten Punkten genießt man einen fantastischen Blick über München hinweg auf die majestätische Alpenkette. Als absoluten Knaller kann man am Ende der Tour noch auf einer über 200 Meter langen Flying-Fox-Strecke über das Fußballfeld hinweg wieder auf den Boden zurückfliegen.

LAGE: Spiridon-Louis-Ring 21, 80809 München
www.touren-olympiapark.de
Haltestelle: Olympiazentrum (U3)

Olympiaturm

PANORAMA SATT IN HÖCHSTEN HÖHEN

Im Olympiaparkgelände, in dem man nicht nur das Sommer-Tollwood, den See und das Stadion entdecken kann, steht auch der Olympiaturm – mit 291 Metern Höhe wird er nur um einen Meter vom Nürnberger Fernsehturm als höchstes Gebäude in Bayern geschlagen. Bereits vor Olympia 1972 begann man mit seinem Bau und integrierte ihn dann in die Planung und Konzeption einer »Olympiade im Grünen«.

Am Fuß des Turms befindet sich das Atrium, das neben einem Restaurant und einem Souvenirladen auch den Zugangsbereich für die Besucher bildet. Der Olympiaturm selbst verfügt über zwei Körbe: Im unteren sind Telekommunikationseinrichtungen untergebracht, weshalb er »Postkorb« genannt wird, und der obere Teil ist öffentlich und heißt »Aussichtskorb«. Hier befindet sich in 182 Metern Höhe das Drehrestaurant für den gehobenen Standard, das sich daher wohl eher nicht für einen Besuch mit kleinen Kindern eignet. Knapp darüber erreicht man in 185 Metern Höhe die erste Aussichtsplattform, die auch das Rockmuseum Munich beherbergt, in dem man zahlreiche seltene Sammelstücke der Rockgeschichte besichtigen kann. Von Herbst bis Frühjahr werden hier zudem regelmäßig Konzerte veranstaltet.

Nachdem die erste Aussichtsplattform noch vor den Witterungseinflüssen geschützt war, ist die zweite Aussichtsplattform in 189 Metern Höhe nun offen, und Mutige können von hier über zwei Außentreppen noch zur obersten Plattform in 192 Metern Höhe aufsteigen. An schönen Tagen, besonders an klaren Wintertagen mit Föhneinfluss, sieht man von hier die Zugspitze und kann sogar den Hochfeiler an der italienischen Grenze erkennen – ganz wunderbar ist natürlich auch der Rundumblick über München und das Umland.

LAGE: Spiridon-Louis-Ring 7, 80809 München
www.olympiapark.de
Haltestelle: Olympiazentrum (U3)

WERK1

Rundum am Umadum

RIESENRAD-VERGNÜGEN IM WERKSVIERTEL

Das Werksviertel hinter dem Ostbahnhof, das so klangvolle Straßennamen hat wie Püreelinie oder Am Kartoffelgarten, entwickelt sich seit 2010 zu einem regelrechten Architektur-Spielplatz. Durch Wegzug oder Konkurs der Pfanni-Werke, der Optimol-Ölwerke und der Rhenania-Spedition blieb hinter dem Ostbahnhof eine riesige Brachfläche offen, die derzeit mit zahlreichen Neugebäuden befüllt wird. Was 2012 mit der Medienbrücke begann (das Hochhaus steht in 40 m Höhe auf zwei riesigen Stelzen) und mit dem Werk3-Gebäude (das sogar Schafe auf seinem begrünten Dach beherbergt) fortgeführt wurde, wird sich mit dem künftigen neuen Konzertgebäude auch in der Zukunft weiterentwickeln. Von 1996–2003 nutzte man das Gelände als Discotheken- und Kultur-Viertel. Bis heute hat es sich seinen reizvollen Atelier-Charakter bewahrt und spielt sehr künstlerisch mit den Elementen der Vergangenheit. Die Anhäufung von Kulturschaffenden soll auch in der Zukunft bestärkt werden.

Dieses städtebauliche Experiment lässt sich nun seit April 2019 von oben begutachten, und zwar von den Gondeln eines 80 Meter hohen Riesenrads mit dem schönen bayrischen Namen *Umadum*. Es ist derzeit das größte Riesenrad in Deutschland und laut Zeitungsberichten auch das größte mobile Rad. Im *Umadum* mit seinen geräumigen Kabinen, die Platz für bis zu 16 Personen bieten, kann man ganz München und im Speziellen natürlich das Werksviertel von oben ansehen und bei schönem Wetter einen Blick bis zu den Alpen genießen. Gemütlich dreht sich das Rad, mit unter 0,5 km/h benötigt es für eine komplette Umdrehung knapp 30 Minuten – genug Zeit also, um alles in Ruhe auf sich wirken zu lassen. Spezielle Aktionen, wie z. B. ein Weißwurst-Frühstück in der Kabine, machen die ganze Angelegenheit so richtig rund.

LAGE: Atelierstr. 11, 81671 München, https://umadum.info
Haltestelle: Ostbahnhof (S1–8, U4, U5)

Phönix-Bad Ottobrunn

FREIZEIT- UND ERLEBNISBAD IM MÜNCHNER SÜDOSTEN

Das Phönix-Bad in Ottobrunn ist ein richtiges Familienbad. 1999 nach einem Schwelbrand neu eröffnet, wurde es nach und nach zu einem Wellness- und Spa-Bad ausgebaut und kann heute in vier Bereiche unterteilt werden: Wasser, Sauna, Spa und Gastro. Der Wasser-Bereich ist mit fast 2000 Quadratmetern der größte: Unter einer großen Glaskuppel befindet sich im Innenbereich ein 25 Meter großes Sportbecken mit sechs Bahnen. Hier können kleine Seepferdchen nicht nur Spaß beim Schwimmen haben, sondern auch verschiedene Schwimmprüfungen absolvieren. Dazu gibt es ein Sprungbecken mit einem bis zu fünf Meter hohen Sprungturm, wobei das bis zu fünf Meter tiefe Sprungbecken gleichzeitig als Lehrbecken fürs Tauchen genutzt wird. Die beiden Becken sind mit 27 °C die »kältesten«.

Für die Kleinsten sind die Kinderweltbecken am interessantesten: Im 34 °C warmen Wasser dürfen hier die Kinder im seichten Wasser auf zwei Becken verteilt ausgiebig planschen. Viele Wassertiere, eine schöne Wandgestaltung und eine Wasserrutsche bieten Abwechslung. Auch die Kinderwelt im Außenbereich bietet Wasserrutschen und ein großes Becken. Das Erlebnisbecken ist zweigeteilt: Für Nichtschwimmer gibt es ein Arielle-Becken mit 33 °C warmem Wasser und ansprechender Wandgestaltung; es ist hierbei schräg angelegt, sodass jeder die für sich angenehme Wassertiefe findet. Eine Treppe führt daneben zu den beiden Riesenwasserrutschen – größere Kinder wird man da den Tag über wahrscheinlich länger nicht mehr sehen.

Hunger und Durst können im Café, in zwei Bars und bei einem Kiosk gestillt werden. Ein rundum schönes Bad, das nicht so überlaufen ist!

LAGE: Haidgraben 121, 85521 Ottobrunn
https://phoenixbad.de
Haltestellen: Ottobrunn (S7), Ottobrunn/Phönix-Bad (Regio-Bus 229)

Müller'sches Volksbad

JUWEL UNTER MÜNCHENS BÄDERN

Das Müller'sche Volksbad ist eine Institution in München, vor allem durch die beeindruckende Jugendstil-Außenfassade und den markanten Uhrenturm. 1901 errichtet, galt das Bad damals schon als eines der größten und schönsten seiner Zeit. Es wurde explizit mit der Auflage gebaut und betrieben, dem »unbemittelten« Volk eine Möglichkeit zum Baden zu geben; aus diesem Grund verfügte es noch bis 1978 über 86 Wannenbäder und 22 Brausebäder im Untergeschoss.

Das gibt es mittlerweile schon länger nicht mehr, aber das Volksbad ist auch heute noch kein Erlebnisbad im modernen Sinn, denn es hat nur zwei Becken: das Herrenbad für die sportlichen Badegäste und das Frauenbad für die Genussschwimmer. Auch Kinder werden vom Ambiente so beeindruckt sein wie ihre Eltern: In liebevoller Kleinarbeit wurde das Bad in nahezu allen Details erhalten, und die reich mit aufwendigen Ornamenten und Wandmalereien ausgeschmückte Schwimmhalle bereitet ein Badevergnügen in originalgetreuer Ausstattung wie zu vergangenen Zeiten – kein Wunder also, dass das Bad sogar schon in mehreren Filmproduktionen eine Rolle spielte. Die Umkleiden und Schränke befinden sich in den Etagen und direkt neben den Becken, sodass man dem damaligen Schicklichkeitsempfinden Rechnung tragen konnte und nur einen kurzen Weg von der Umkleide ins Becken hatte. Selbstverständlich waren damals deshalb die Bereiche für die weiblichen und männlichen Badegäste strikt getrennt. Auch heute noch gibt es dienstags einen Frauenbadetag.

Daneben locken verschiedene Saunen und Dampfbäder. Das römisch-irische Dampfbad mit dem Freilufthof bietet mehrere unterschiedlich temperierte Räume und im Saunabereich ein großes Warmwasserbecken.

LAGE: Rosenheimer Str. 1, 81667 München, www.swm.de
Haltestellen: Isartor (S1–8), Deutsches Museum (Tram 17)

Westbad

FLAGGSCHIFF-BAD DER STADTWERKE MÜNCHEN

Der Münchner Westen wartet mit mehreren Attraktionen auf, u. a. mit dem Westbad, dem größten Bad im Münchner Stadtgebiet, das ungestörten Wassergenuss für jedes Wetter bietet. Gerade im Sommer sorgt hier die größte Liegewiese Münchens mit einem abgetrennten FKK-Bereich für gute Laune. Doch nicht nur Sonnenanbeter kommen hier auf ihre Kosten: Ein 50-Meter-Schwimmerbecken, eine über 50 Meter lange Rutsche mit zwei Badebecken sowie ein riesiger Plansch-, Matsch- und Spielbereich für die Kleinsten laden zum Verweilen ein. In den Badebecken findet man verschiedene Wasserpilze sowie einen Strömungskanal. Auf den Liegeflächen ist so viel Platz, dass hier sogar ein Fußballplatz ausgewiesen ist und es eine große Beachvolleyballfläche gibt.

Doch auch im Winter kann man hier eine schöne Zeit mit den Kindern verbringen. Dafür sorgen die vielen verschiedenen Becken, wie z. B. das Erlebnisbecken mit Strömungskanal, das Sportbecken oder das Solebecken mit Bad Reichenhaller Salz im Außenbereich. Dieser ist durch einen Tunnel mit dem Innenraum verbunden, sodass man bei kuscheligen 37 °C Wassertemperatur auch die kalte Winterluft genießen kann. Entspannung suchende Eltern freuen sich zudem über die im Badepreis inbegriffene Sauna. Das Gastronomie-Angebot lässt ebenfalls keine Wünsche offen, hier findet man eine große Leckereien-Auswahl zu moderaten Preisen.

In der Nähe des Pasinger Bahnhofs gelegen und mit einer Tramhaltestelle direkt vor der Haustür, ist das Westbad sehr gut mit dem ÖPNV zu erreichen.

LAGE: Weinbergerstr. 11, 81241 München
www.swm.de
Haltestelle: Westbad (Tram 19)

Bootfahren in München

GROSSE UND KLEINE SEEN UND KANÄLE IN DER STADT

Beim Stichwort »Wasser« wird man in München zunächst an die Isar denken und an die vielen kleinen Stadtbäche, aber an Seen? Die großen Voralpenseen wie Ammer- und Starnberger See, Tegernsee und Chiemsee liegen zu weit draußen, um sie in direkte Verbindung zur Stadt zu setzen. Jedoch, auch innerhalb von Münchens Stadtgrenzen gibt es Seen, auf denen man gemütlich mit der Familie Tret- oder Ruderboot fahren kann.

Als quasi erste Adresse in München wäre da der Kleinhesseloher See zu nennen, an dem man viele Gänse und mit etwas Glück auch Biber beobachten kann. An zweiter Stelle steht im Münchner Norden der Olympiasee im Olympiapark, der sich in einen kleineren westlichen und einen größeren östlichen Seebereich teilt, mit einer Anlegestelle bei Letzterem. Durch diese Seeaufteilung sollen Wassermassen bei Starkregen aufgefangen werden. Wegen der großflächigen Bodenversiegelung des Olympiageländes hat der See auch ein Wehr, damit das gesammelte Wasser kontrolliert abgegeben werden kann.

Für eine kuriosere Freizeitgestaltung wären noch die Gewässer im Schlosspark von Nymphenburg zu erwähnen: Hier darf man zwar nicht selbst Boot fahren, aber man kann sich in einer echten venezianischen Gondel über die Parkkanäle rudern lassen.

Im Süden von München, in der Nähe des Flauchers, liegt der Hinterbrühler See. Ebenfalls künstlich angelegt, bietet er eine Ausgleichsfläche für die verschiedenen Kanäle, die in diesem Bereich von der Isar gespeist werden. Im Winter kann man auf diesem See sogar Eisstockschießen ausüben.

LAGE: je nach Stadtgebiet unterschiedlich
www.muenchen.de/freizeit
Haltestellen: je nach Standort

101

Isar-Riviera am Flaucher

GRILLEN, CHILLEN, BADEN

Der Flaucher gilt vielen Münchnern als *der* Inbegriff für sommerliches Badevergnügen. Auf dem Abschnitt zwischen Braunauer Eisenbahnbrücke und Großhesseloher Brücke hat sich die Isar trotz massiver Eingriffe durch den Menschen hier noch am ehesten den Charakter eines alpinen Wildwasserflusses bewahrt und bildet mit ihren zahlreichen Flussrinnen, den ausgedehnten Kiesbänken und den Auenwäldern einen relativ naturnahen Raum.

Der im Sommer meist frequentierte Bereich befindet sich an der Brudermühlbrücke, wo eine zwischen dem Isarwerkkanal und der Isar liegende bewaldete, künstliche Insel viele Liegewiesen, Kinder- und Ballspielplätze bietet und der große Flaucher-Biergarten sowie diverse Kioske zur Einkehr locken. Weiter südlich entdeckt man beim Flaucher-Steg mehrere kleinere Inseln, die wegen ihrer Bewaldung und der relativen Abgeschiedenheit gern von den Münchner »Nackerten« bevölkert werden.

Noch weiter südlich, hinter der Tierparkbrücke, verlagert sich das Geschehen ans westliche Ufer des Isarwerkkanals mit der Floßlände, der etwas kleineren Surfwelle und dem Naturfreibad Maria Einsiedel. Durch dieses fließt auch der Mühlbach, und da das Wasser hier biologisch gereinigt wird, fühlt man sich beim Schwimmen wie in einem Badesee.

LAGE: Isarauen, 81379 München, www.muenchen.de/freizeit
Haltestelle: u. a. Thalkirchen-Tierpark (U3)

Impressum

Verantwortlich: Sabine Klingan
Redaktion: Anette Späth
Layout: Eva-Maria Klaffenböck
Umschlaggestaltung: Alexander Knoll
Repro: LUDWIG:media
Kartografie: Bruckmann Verlag GmbH, Heidi Schmalfuß
Herstellung: Bettina Schippel
Printed in Slovenia by Florjancic

★★★★★

Sind Sie mit diesem Titel zufrieden? Dann würden wir uns über Ihre Weiterempfehlung freuen. Erzählen Sie es im Freundeskreis, berichten Sie Ihrem Buchhändler, oder bewerten Sie bei Onlinekauf. Und wenn Sie Kritik, Korrekturen, Aktualisierungen haben, freuen wir uns über Ihre Nachricht an J. Berg Verlag, Postfach 40 02 09, D-80702 München oder per E-Mail an lektorat@verlagshaus.de

Unser komplettes Programm finden Sie unter

www.j-berg-verlag.de

Alle Angaben dieses Werkes wurden von den Autoren sorgfältig recherchiert und auf den neuesten Stand gebracht sowie vom Verlag geprüft. Für die Richtigkeit der Angaben kann jedoch keine Haftung übernommen werden, weshalb die Nutzung auf eigene Gefahr erfolgt. Insbesondere bei GPS-Daten können Abweichungen nicht ausgeschlossen werden. Sollte dieses Werk Links auf Webseiten Dritter enthalten, so machen wir uns die Inhalte nicht zu eigen und übernehmen für die Inhalte keine Haftung. In diesem Buch wird aus Gründen der besseren Lesbarkeit das generische Maskulinum verwendet. Weibliche und anderweitige Geschlechteridentitäten werden dabei ausdrücklich mitgemeint, soweit es für die Aussage erforderlich ist.

Empfehlung der Redaktion
Sie sind auf der Suche nach weiterführender Literatur? Dann empfehlen wir Ihnen den Titel »Wandern in München« von Werner Glanz.

Bildnachweis
Alle Bilder im Innenteil stammen von den Autoren mit Ausnahme von 11: Kinder- und Jugendmuseum; S. 13: Lestertair; S. 14: Rolf G. Wackenberg (Shutterstock); S. 23: FooTToo (Shutterstock); S. 19: M. Franke; S. 20: Deutsches Museum; S. 27: Kinderkunsthaus; S. 28: Bayerische Volkssternwarte München e.V.; S. 31 o. + u.: European Southern Observatory; S. 35: posztos (Shutterstock); S. 36: Onjira Leibe (Shutterstock); S. 37: borsmenta (Shutterstock); S. 38: Weißblaue Erlebnisse; S. 39: footageclips; S. 40: ichywong; S. 43: YuriTurkov; S. 44: Pani Garmyder; (die letzten vier von Shutterstock); S. 47: Bavaria Filmstadt; S. 48: Starz12 (Shutterstock); S. 51: BMW AG; S. 52: MTfK; S. 55: Petr Bonek (Shutterstock); S. 59: Julie Boro (Shutterstock); S. 52 o. + u.: Münchner Theater für Kinder; S. 64 oben: GO Kino am Olympiasee; S. 64 unten: Viacheslav Lopatin; S. 67: 19 STUDIO; S. 68: Mekawy; S. 71: AllesSuper; S. 72: ar14; S. 75 oben: Wolfgang Zwanzger; S. 79: blickwinkel; S. 83: Tobias Grosskopf; S. 84: Samot; S. 87: Frank Lambert; (die letzten acht von Shutterstock); S. 88: Katoosha; S. 90 oben: Bruno De Faveri; S. 90 unten: BravissimoS; S. 98: SEA LIFE; S.101: Reitsberger Hof; S. 104 WhiteHaven; S. 108: Redaktion93; S. 110: Intrepix; S. 111: Mikhail Markovskiy (die letzten vier von Shutterstock); S. 114 o. + u.: boulderwelt München Ost; S. 117: frantic00/Shutterstock; S. 119: Soccergolf München; S. 121 oben und unten: M. Dreier; S. 122: _footageclips; S. 125 oben: Christin Lola; S. 125 unten: ar14; S. 126: Wu Munich; S. 128 oben: Billion Photos; S. 128 unten: Isaac Mok (die letzten acht Shutterstock); S. 131: eiskoid GmbH; S. 135: Li_Aba; S. 136: futuristman; S. 140 oben: Kzenon; S. 140 unten: gpointstudio; S. 143 oben: conrado; S. 143 unten: Alexander Raths; S. 147: Bro Crock; S. 148: Atosan; S. 149: ikumaru; S. 150 oben: greenaperture; S. 150 unten: rafael brendli tozetti; S. 153, S. 157 oben: ur72; S. 157 unten: mapman; S. 162: Andreas Juergensmeier; S. 168: Sebastian Duda; S. 176: bypty; S. 179: trabantos; S. 180: Intrepix; S. 183: Denis Moskvinov; S. 187 oben: Sunny studio; S. 187 unten: YanLev; S. 188: travelview; S. 191 oben: SusaZoom; S. 191 unten: WalterWeiss (alle Shutterstock)

Umschlagvorderseite: Im Klettergarten (Bild o.: Andrew Angelov/Shutterstock); Tiere beobachten (u. li.: Demchyna/Shutterstock); Experimente (u. re.: Chubykin Arkady/Shutterstock)
Umschlagrückseite: Am Fischbrunnen
Umschlagklappe vorne außen: Time Ride (s. S. 25)

Die Deutsche Nationalbibliothek verzeichnet diese Publikation in der Deutschen Nationalbibliografie; detaillierte bibliografische Daten sind im Internet über http://dnb.d-nb.de abrufbar.

Infanteriestraße 11a, 80797 München

ISBN: 978-3-86246-677-1